# 太陽と海とグルメの島 シチリアへ

## 最新版

小湊照子

# はじめに

　私がはじめてシチリア島を訪れたのは、今から16年前の2007年の夏でした。当時大学に通っていた私は、トスカーナ州のシエナという街のアパートで、シチリア島出身のアガタ、マルタ、オラツィオとハウスシェアをしていました。それが私とシチリア島との出会いだったと言えるでしょう。

　彼らは外国人の私をなにかと気にかけてくれ、休みのたびに自分たちの実家に招待してくれました。はじめてシチリア島を訪れたのはそれがきっかけです。

　アガタの家は、アグリジェントから1時間ほどの場所にあるシャッカという海沿いの街にありました。この島の自然や海の美しさに驚いたのと同じくらい、彼女の家族が私をまるで家族の一員のように迎えてくれたことにびっくりしたのを今でも覚えています。私は、シチリア島のそんな人のあたたかさがなによりも大好きです。

　シチリア島を訪れると、あたたかい人々、広大な大地、海、緑が織りなす美しい景色、おいしい料理など、数えきれないほどの魅力を発見するでしょう。何度でも戻ってきたいと思わせるような、そんななにかがこの島にはある気がします。

　本書では、パレルモ、タオルミーナ、シラクーサ、エオリエ諸島、ミラッツォなど、私の大好きな場所をご紹介しています。エオリエ諸島はとくに、まだあまり日本では有名ではないかと思いますが、美しい自然の魅力の多い場所で、私のイチオシです。

　シチリアを訪れたことがある人も、これから訪れてみたいと思う人にとっても、シチリアが少しでも身近に感じられるような本に仕上がっていたら、とてもうれしいです。

# Contents

※本書掲載のデータは2023年10月現在のものです。店舗の移転、閉店、価格改定などにより実際と異なる場合があります
※本書掲載の電話番号は市外局番を含む番号です。なお、イタリアの国番号は「39」です
※エオリエ諸島は11月初旬～3月下旬、タオルミーナは1～3月中旬、シラクーサは2月がオフシーズンとなり、店舗や
ホテルの臨時休業が多いので注意。パレルモは8月中旬にバカンスで休業する店舗あり。

【イタリア基本情報】

正式国名：Repubblica Italiana イタリア共和国

面積：約30万1,000㎢
　シチリア州は2万5,711㎢
　（四国の約1.4倍。イタリア20州で最大）

首都：Roma ローマ

人口：約6,037万人（2021年現在）
　シチリア州は約480万人

宗教：キリスト教（ほぼカトリック教徒）

公用語：イタリア語

通貨：ユーロ（€）1ユーロ=約159円
　　　（2023年10月現在）

日本との時差：マイナス8時間。日本が正午のと
き、イタリアは午前4時となる（3月の最終日曜日
から10月の最終土曜まではマイナス7時間）

switzerland
Austria
slovenia

Milano ミラノ
Venezia ヴェネツィア

Firenze フィレンツェ

Italia

Corsica コルシカ島

Roma ローマ

Napoli ナポリ

Sardegna サルディーニャ島

Sicilia シチリア島

Mar Tirreno ティレニア海

Isole Eolie エオリエ諸島 P.108 [Map 8]

Isola di Marettimo マレッティモ島

Mondello モンデッロ P.46 [Map 4]

Milazzo ミラッツォ P.150

Isola di Levanzo レヴァンツォ島

Aeroporto di Palermo パレルモ空港 E90

Santuario di Santa Rosalia サンタ・ロザリア聖堂 P.26

Trapani トラーパニ

Palermo パレルモ P.16 [Map 1]

Agriturismo Galea アグリツーリズモ・ガレア（アグリツーリズモ）P.159

Messina メッシーナ [Map 4] E90

[Map 6]

Cefalù チェファルー

Taormina タオルミーナ P.50

Isola di Favignana ファヴィニャーナ島

Aeroporto di Trapani トラーパニ空港 E90

Riserva dello Zingaro リゼルヴァ・デッロ・ジンガロ（ビーチ）P.134

A29

Parco delle Madonie マドニエ公園

エトナ山 Monte Etna ▲ [Map 3]

[Map 7]

Isole Egadi エガディ諸島

Mazara del Vallo マザラ・デル・ヴァッロ E931

Enna エンナ

A19

Catania カターニア A18

Marsala マルサラ

Caltanissetta カルタニッセッタ

A19

Aeroporto di Catania カターニア空港

Mar Ionio イオニア海

Scala dei Turchi スカーラ・ディ・トゥルキ（ビーチ）P.139

Agrigento アグリジェント

Necropoli Rupestri di Pantalica パンタリカ岩壁墓地遺跡 P.78

Q92 Noto Hotel キュー・ノヴァンタドゥエ・ノート・ホテル P.92

Mar Mediterraneo 地中海

ジェーラ Gela E45

Aeroporto di Camiso コミソ空港

Note ノート [Map 5]

Siracusa シラクーサ P.76

Isola di Pantelleria パンテレリア島

ラグーサ Ragusa

Modica モディカ

E45

Mille Mandorli ミッレ・マンドルリ（アグリツーリズモ）P.158

0　　　50km

N

イオニア海を臨む、世界的観光地タオルミーナ。ローマ時代の遺跡も多く残っている。

上・古代ギリシャの神殿遺跡が7つ残るアグリジェント（世界遺産）。写真はドーリア式の円柱の柱が美しい、コンコルディア神殿。／右・シチリア島西部のトラーパニの塩田。冬には塩山が瓦屋根に覆われるのがこの地方の風物詩。

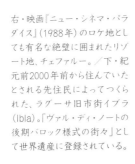

右・映画『ニュー・シネマ・パラダイス』（1988年）のロケ地としても有名な絶壁に囲まれたリゾート地、チェファルー。／下・紀元前2000年前から住んでいたとされる先住民によってつくられた、ラグーサ旧市街イブラ（Ibla）。「ヴァル・ディ・ノートの後期バロック様式の街々」として世界遺産に登録されている。

*sicilia!*
（シチリアへようこそ！）

イタリア半島の南に位置する地中海最大の島、シチリア島。豊かな大地、温暖な気候、地中海のど真ん中という戦略的にも絶好の位置のため、紀元前からあらゆる民族の羨望の的となり、「文化の交差点」と呼ばれることも。異なる民族によって手が加えられた混合様式の建物が数多く存在するのも、シチリア島の魅力のひとつです。

紀元前3000年頃から先住民が生活をしていたと言われており、歴史が残っているのは紀元前8世紀に島の東海岸へのギリシャ人の入植から。同時期にカルタゴ人[1]、フェニキア人[2]などが西海岸に植民地をつくり上げます。その後の紀元前3世紀頃には島全体がローマ帝国の支配下へ。

その後のヴァンダル人[3]東ゴート人[4]による支配を経て、9世紀にはアラブ人[5]による占領がはじまります。アラブ人は、それまであまり表舞台に登場しなかったパレルモを首都に。その次にやって来たノルマン人[6]のルッジェーロ2世は、1130年にシチリア王国を築き、前の支配者であるギリシャ、ローマ、ビサンチン、イスラムの文化も認め融合。アラブ・ノルマン時代とも呼ばれるこの時期、シチリアの歴史のなか

# シチリア島の歴史

エオリエ諸島のヴルカーノ島から見た夕暮れ。

でも絶大な繁栄を誇る黄金期を迎えます（P.22-25参照）。ノルマン・シチリア王国が1266年に終焉を迎えると、それ以降は神聖ローマ帝国、フランス、そしてスペインの長き支配下を経て1860年、シチリアはイタリア国に統一されます。

　現在はアラブやノルマンの文化が混じりあう独特の文化を放つ州都パレルモ、古代ギリシャの遺跡が残るシラクーサやアグリジェント、スペインの影響を強く受けたバロック様式の建物が多いラグーサなど、それぞれに独特の文化を花開かせ、美しい海をはじめ豊かな自然と食、温暖な気候から、観光地としても人気です。

※1　カルタゴ人：現在のチュニジア共和国にあった古代都市国家カルタゴの民。フェニキア人の一部
※2　フェニキア人：地中海東岸にあったフェニキア地域に住んでいた人達
※3　ヴァンダル人：ゲルマニア（現在のドイツ、ポーランド、チェコ、スロバキア、デンマークのあたりの古代ローマ時代の名称）から、古代末期に北アフリカに移住した民族。ヴァンダル王国の首都はカルタゴ
※4　東ゴート人：150年頃から黒海北岸に住んでいたゴート人（ゲルマン人）の一派。497年にシチリアを含む現在のイタリアの場所に、東ゴート王国を建国（〜555年）
※5　アラブ人：おもにアラビア半島や西アジア、北アフリカなどのアラブ諸国に住み、アラブ語を話し、アラブ文化を受容している人々
※6　ノルマン人：スカンジナビアやバルト海沿岸に住んでいた北方系ゲルマン人。9世紀頃よりヨーロッパ各地を侵略し、フランス北西部にノルマンディー公国、イングランドにノルマン朝、南イタリアにシチリア王国などを建設

## マフィアとは？

　「シチリア島」と言うと「マフィアの島」や「ゴッドファーザー」を連想する人が多いと思います。結論から言えば、シチリア島を観光するみなさんが恐れるような存在ではありません。マフィアが相手にするのは、地元の企業や人々であって、観光客には興味がありません。むしろ、シチリア島が観光業で潤うほうが喜ばしいはず。マフィアよりも、スリやひったくりには十分に注意しましょう。

　さて、ここでマフィアの歴史を少しご紹介。13世紀にフランスのアンジュー家がシチリアを支配していたとき、そのあまりにも過酷な支配状況に反発し、シチリア人達が起こしたシチリアの晩鐘事件（1282年）の際に叫んだ「Morte Alla Francia Italia Anela！（すべてのフランス人を殺せ、それがイタリアの叫びだ！）」の際の頭文字を繋げた言葉が、後に「マフィア(Mafia)」と呼ばれる由来となっているそう。

　この事件をきっかけに、その後イタリア統一まで、スペインのアラゴン家、サヴォイア公国、オーストリアなど、支配者がころころ変わりすぎる歴史を背景に、公的な支配者に頼ることに対する不信感のようなものが人々の間に生まれていました。

　18世紀にはシチリア島で土地を所有していた金持ちや大地主は、農地管理人に土地を任せ、彼ら自身は別の場所に住んでいました。そこで農地管理人は利益を横領し、高利貸しを営むなど金儲けに走り、富と権力を得るように。しかし、そんな傍若無人な彼らの振る舞いを見かね、住民たちの平和を守るために反旗を翻した武装集団がマフィアです。それが、皮肉にも住民たちを脅かす犯罪集団に成り代わっていった……というのが定説となっています。

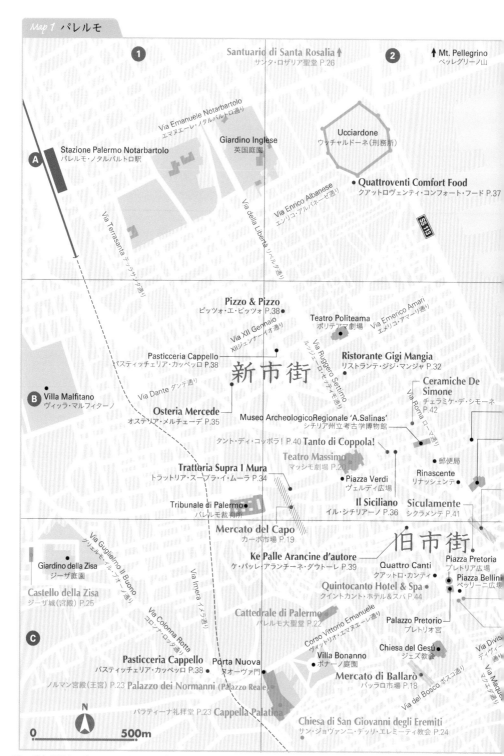

**Map 1 パレルモ**

**①**

**②**

Santuario di Santa Rosalia ↑
サンタ・ロザリア聖堂 P.26

↑ Mt. Pellegrino
ペッレグリーノ山

Via Emanuele Notarbartolo
エマヌエーレ・ノタルバルトロ通り

Giardino Inglese
英国庭園

Ucciardone
ウッチャルドーネ（刑務所）

**Ⓐ**
Stazione Palermo Notarbartolo
パレルモ・ノタルバルトロ駅

Via Enrico Albanese
エンリコ・アルバネーゼ通り

• **Quattroventi Comfort Food**
クアットロヴェンティ・コンフォート・フード P.37

Via Terrasanta テッラサンタ通り

Via della Libertà リベルタ通り

SS 13

**Pizzo & Pizzo**
ピッツォ・エ・ピッツォ P.38

Teatro Politeama
ポリテアマ劇場

Via Emerico Amari
エメリコ・アマーリ通り

Via XII Gennaio
XIIジェンナーイオ通り

**Ristorante Gigi Mangia**
リストランテ・ジジ・マンジャ P.32

Pasticceria Cappello
パスティッチェリア・カッペッロ P.38

Via Ruggero Settimo ルッジェーロ・セッティモ通り

新市街

Ceramiche De Simone
チェラミケ・デ・シモーネ P.42

**Ⓑ** • Villa Malfitano
ヴィッラ・マルフィターノ

Via Dante ダンテ通り

**Osteria Mercede**
オステリア・メルチェーデ P.35

Museo ArcheologicoRegionale 'A.Salinas'
シチリア州立考古学博物館

Via Roma ローマ通り

タント・ディ・コッポラ! P.40 **Tanto di Coppola!**

Teatro Massimo
マッシモ劇場 P.20

郵便局

**Trattoria Supra I Mura**
トラットリア・スープラ・イ・ムーラ P.34

• Piazza Verdi
ヴェルディ広場

Rinascente
リナシェンテ

Tribunale di Palermo
パレルモ裁判所

**Il Siciliano**
イル・シチリアーノ P.36

**Siculamente**
シクラメンテ P.41

Mercato del Capo
カーポ市場 P.19

伯市街

Giardino della Zisa
ジーザ庭園

Via Guglielmo Il Buono グリエルモ・イル・ブォーノ通り

**Ke Palle Arancine d'autore**
ケ・パッレ・アランチーネ・ダウトーレ P.39

Quattro Canti
クアットロ・カンティ

Piazza Pretoria
プレトリア広場

**Ⓒ**

Castello della Zisa
ジーザ城（宮殿） P.25

Via Imera イメラ通り

**Quintocanto Hotel & Spa**
クイントカント・ホテル&スパ P.44

Piazza Bellini
ベッリーニ広場

Cattedrale di Palermo
パレルモ大聖堂 P.22

Via Colonna Rotta コロンナ・ロッタ通り

Corso Vittorio Emanuele ヴィットリオ・エマヌエーレ通り

Palazzo Pretorio
プレトリオ宮

Via Divisi ディヴィ

**Pasticceria Cappello**
パスティッチェリア・カッペッロ P.38

Porta Nuova
ヌオーヴァ門

• Villa Bonanno
ボナーノ庭園

Chiesa del Gesù
ジェズ教会

Via Maqueda マクダ

ノルマン宮殿（王宮）P.23 **Palazzo dei Normanni (Palazzo Reale)**

**Mercato di Ballarò**
バッラロ市場 P.18

Via del Bosco ボスコ通り

パラティーナ礼拝堂 P.23 **Cappella Palatina**

**Chiesa di San Giovanni degli Eremiti**
サン・ジョヴァンニ・デッリ・エレミーティ教会 P.24

N

0 _____ 500m

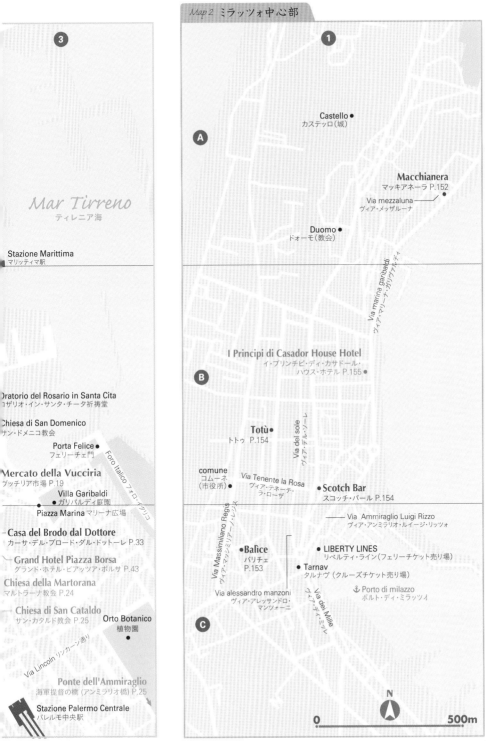

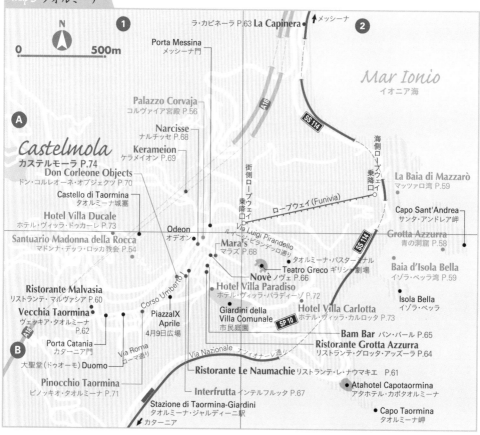

Map 3 タオルミーナ

N
0 ————— 500m

ラ・カピネーラ P.63 La Capinera •  ↑メッシーナ

①
②

Porta Messina
メッシーナ門

Mar Ionio
イオニア海

Palazzo Corvaja
コルヴァイア宮殿 P.56

A

Narcisse
ナルチッセ P.68

Castelmola
カステルモーラ P.74

Kerameion
ケラメイオン P.69

海側ロープウェイ乗降口

La Baia di Mazzarò
マッツァロ湾 P.59

Don Corleone Objects
ドン・コルレオーネ・オブジェクツ P.70

Castello di Taormina
タオルミーナ城塞

街側ロープウェイ乗降口

ロープウェイ (Funivia)

Capo Sant'Andrea
サンタ・アンドレア岬

Hotel Villa Ducale
ホテル・ヴィッラ・ドゥカーレ P.73

Odeon
オデオン

Via Luigi Pirandello

Grotta Azzurra
青の洞窟 P.58

Santuario Madonna della Rocca
マドンナ・デッラ・ロッカ教会 P.54

Mara's
マラズ P.68

タオルミーナ・バスターナル

Baia d'Isola Bella
イゾラ・ベッラ湾 P.59

Ristorante Malvasia
リストランテ・マルヴァシア P.60

Teatro Greco ギリシャ劇場
Novè ノヴェ P.66

Hotel Villa Paradiso
ホテル・ヴィッラ・パラディーゾ P.72

Isola Bella
イゾラ・ベッラ

Vecchia Taormina
ヴェッキア・タオルミーナ P.62

PiazzalX Aprile
4月9日広場

Giardini della
Villa Comunale
市民庭園

Hotel Villa Carlotta
ホテル・ヴィッラ・カルロッタ P.73

B

Porta Catania
カターニア門

Via Roma
ローマ通り

Bam Bar バン・バール P.65

Ristorante Grotta Azzurra
リストランテ・グロッタ・アッズーラ P.64

大聖堂(ドゥオーモ) Duomo

Via Nazionale ナツィオナーレ通り

Corso Umberto

Pinocchio Taormina
ピノッキオ・タオルミーナ P.71

Ristorante Le Naumachie リストランテ・レ・ナウマキエ P.61

Interfrutta インテルフルッタ P.67

Atahotel Capotaormina
アタホテル・カポタオルミーナ

Stazione di Taormina-Giardini
タオルミーナ・ジャルディーニ駅

↙ カターニア

Capo Taormina
タオルミーナ岬

Map 4 ミラッツォ

N
0 ———— 5km

①
Piscina di Venere
ピッシーナ・ディ・ヴェーネレ(ビーチ)P.138

Mar Tirreno
ティレニア海

Map 2

Milazzo •
ミラッツォ P.150

C

Tindari ティンダリ

E90

E90

SS 113

• Patti
パッティ

SS 113
• Laghetti di Marinello
ラゲッティ・ディ・マリネッロ(ビーチ)P.136

SP 122

SP 119

Cambria •
カンブリア(ワイナリー)P.104

Parco Museo Jalari
パルコ・ムゼオ・ヤラリ(テーマパーク)P.156

Map 4 モンデッロ

Splendid
Hotel la Torre •
スプレンディド・ホテル・ラ・トッレ

④
N
0 ——— 300m

Piazza Mondello
モンデッロ広場

Via Piano di Gallo
ピアーノ・ディ・ガッロ通り

Baretto
• バレット P.49

Mar Tirreno
ティレニア海

Viale Regina Elena
レジーナ・エレナ通り

Viale delle
Rose
ローゼ通り

Alle Terrazze
アッレ・テッラッツェ

Viale dei Pioppi
ピオッピ通り

Viale Iris
イリス通り

Viale Regina Elena
レジーナ・エレナ通り

SS 113

A

SS 113

SS 113

Piazza Valdesi
ヴァルデジ広場

マテル通りVia dei Mater

Via del Garofalo
ガロファロ通り

Bye Bye Blues
バイ・バイ・ブルース P.48

Via Corsale
コルサレ通り

SS 113

Mt. Pellegrino
ペッレグリーノ山

**Map 8 エオリエ諸島**　　◎島の位置関係はP.110参照

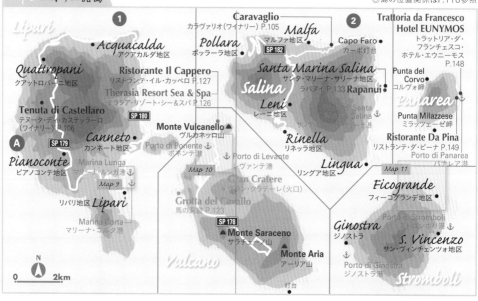

① Caravaglio
カラヴァリオ（ワイナリー）P.105
Pollara
ポッラーラ地区 **SP 182**
*Malfa*
マルファ地区
Capo Faro
カーポ灯台

② Trattoria da Francesco
Hotel EUNYMOS
トラットリア・ダ・
フランチェスコ・
ホテル・エウニーモス
P.148

*Lipari*
• *Acquacalda*
アクアカルダ地区

*Quattropani*
クアットロパーニ地区
Ristorante Il Cappero
リストランテ・イル・カッペロ P.127
Therasia Resort Sea & Spa
テラシア・リゾート・シー＆スパ P.126

*Santa Marina Salina*
サンタ・マリーナ・サリーナ地区
ラパヌイ P.133 Rapanui
*Salina*
*Leni*
レーニ地区

Punta del
Corvo
コルヴォ岬

*Panarea*
Punta Milazzese
ミラッツェーゼ岬

Tenuta di Castellaro
テヌータ・ディ・カステッラーロ
（ワイナリー）P.106 **SP 180**

Ⓐ **SP 179** *Canneto*
カンネート地区

*Pianoconte*
ピアノコンテ地区

Monte Vulcanello
ヴルカネッロ山
Porto di Ponente
ボネンテ港

*Rinella*
リネッラ地区

Santa
Maria
Salina
サンタ・マリーア・
サリーナ港

Ristorante Da Pina
リストランテ・ダ・ピーナ P.149
Porto di Panarea
パナレア港

Marina Lunga
マリーナ・ルンガ港
Map 9

Map 10

Porto di Levante
レヴァンテ港

*Lingua*
リングア地区

Map 11

*Ficogrande*
フィーコグランデ地区

リパリ地区 *Lipari*

Gran Cratere
グラン・クラテーレ（火口）

Grotta del Cavallo
馬の洞窟 P.123

**SP 178**

Porto di Stromboli
ストロンボリ港

Marina Corta
マリーナ・コルタ港

Monte Saraceno
サラチェーノ山

*Ginostra*
ジノストラ

*S. Vincenzo*
サン・ヴィンチェンツォ地区

N
0　2km

*Vulcano*

Monte Aria
アーリア山

Porto di Ginostra
ジノストラ港

灯台

*Stromboli*

---

**Map 9 リパリ島中心部**

• Hotel Mea
ホテル・メア P.120 ①

**SP 180**

N
0　200m

Via Paolo Borsellino e
Giovanni Falcone 通り
パオロ・ボルセッリーノ・エ・
ジョヴァンニ・ファルコーネ通り

Ⓑ

Corso Vittorio Emanuele 通り
コルソ・ヴィットリオ・エマヌエーレ通り

Via Cappuccini カップッチーニ通り

Marina Lunga
マリーナ・ルンガ港

灯台

市役所

Piazza Mazzini
マッツィーニ広場

Ristorante Filippino
リストランテ・フィリッピーノ P.116

Via XXIV Maggio
5月24日通り

Chiesa dell'Addolorata
アッドロラータ教会

Chiesa dell'immacolata
インマコラータ教会

Parco Archeologico
Necropoli •
ネクロポリス考古学遺跡公園

La Casa Eoliana
ラ・カーザ・エオリアーナ P.115

Via Giuseppe Garibaldi 通り
ジュゼッペ・ガリバルディ通り

Museo Archeologico
Regionale Eoliano
エオリエ諸島
考古学博物館

• Cattedrale di
San Bartolomeo
サン・バルトロメオ大聖堂

Ⓒ

Via Guglielmo Marconi
グリエルモ・マルコーニ通り

Liparo Re
リパロ・レ P.117

Il Giardino di Lipari
イル・ジャルディーノ・ディ・リーパリ P.119

**SP 179**
Enopaninoteca Gilberto e Vera
エノパニーノテーカ・ジルベルト・エ・ヴェーラ P.118

Parco Archeologico Acropoli
アクロポリス考古学遺跡公園

• Made in Lipari
メイド・イン・リパリ P.114

Porto di Marina Corta
マリーナ・コルタ港（ミニクルーズ船）

---

**Map 10 ヴルカーノ島中心部**

Les Sables
Noirs & Spa
レ・サブレ・ノアー・
アンド・スパ P.125 ②

泥温泉 P.124
I Fanghi di
Vulcano
海水温泉 P.124
Sorgente
Termale

Porto di
Ponente
ボネンテ港

Spiaggia di Sabbie Nere
黒砂ビーチ

Ⓑ **SS 178**
Via degli Eucaliptus
エウカリプトゥス通り
Via Lentia
レンティア通り

Porto di
Levante
レヴァンテ港

Malvasia
Pane Cunzatu &
Restaurant
マルヴァシア・パーネ・
クンツァートゥ＆レストラン P.128

The Sicilian Barbecue
ザ・シシリアン・バーベキュー P.129

N
0　300m

---

**Map 11 ストロンボリ島中心部**

② La Sirenetta
Park Hotel
ラ・シレネッタ・
パーク・ホテル
P.145

Osservatorio
オッセルヴァトーリオ
P.144

Via Vittorio Emanuele
ヴィットリオ・エマヌエーレ通り

Ⓒ

Via Roma
ローマ通り

Porto di Stromboli
ストロンボリ港

N
0　1km

---

シチリア島を歩く

# Palermo
パレルモ

## 活気あふれるエキゾな港町

パレルモには3つの大きな市場があり、どこも活気で
あふれている。写真はヴッチリア市場。

シチリア州の州都パレルモは、市内だけで人口63万人※、周辺の小さい町や村などを合わせると約121万人にのぼる、南イタリアではナポリに次ぐ大都市です。パレルモは、「パノルムス」（ギリシャ語で「すべてが港」の意味）から派生した地名。海に面する東を除き、3方を山に囲まれています。9世紀にはアラブ人がこの地を首都とし、その後もいろいろな民族によって形成された独特の文化が根づいています。

パレルモがもっとも繁栄したとされるのが、12世紀頃のアラブ・ノルマン王朝。この時代の建築物は、近郊のモンレアーレ（Monreale）、郊外のチェファルー（Cefalù）のものと合わせて、2015年に世界遺産に登録されました（P.22）。

新市街にあるオペラ座のマッシモ劇場（P.20）は、映画『ゴッドファーザー PART Ⅲ』（1990年）のロケ地としても有名。もうひとつの劇場、ポリテアマ劇場（Teatro Politeama）の周辺はショッピング街。南東へと続くリベルタ通りには、グッチやプラダなどの高級ブランドショップが並びます。

パレルモでは、ストリートフードも外せません。トマト、玉ネギ、アンチョビ、チーズをのせたフォカッチャの1種、名物のスフィンチョーネ（Sfincione）や、脾臓バーガーのパニーノ・コン・ラ・ミルツァ（P.31）など、散策しながら味わってみて!

上から／毎日とれる新鮮な魚介類。／映画『ゴッドファーザー』で有名なマッシモ劇場。／大型デパート、リナッシェンテの近代的な建物も建ち並ぶローマ通り。

※2023年3月現在

パレルモ湾の対岸にはグリフォーネ山などの山並みが続く。

## パレルモの食文化は
# メルカートにあり！

パレルモには3つの大きなメルカート（市場）があります。毎日朝早くから野菜、魚介など新鮮な食材が所狭しと並べられます。とくに魚市場はにぎやかで、売り場には威勢のいい声が響きわたり、地元の人は新鮮な食材を求めてここにやって来ます。お菓子やパスタソース、サラミ、チーズなどおみやげにもってこいの食材もたくさん！店によっては購入前に味見をさせてくれるところもあるので、交渉してみましょう。

いちばんにぎわう魚市場。市場を見れば、パレルモの生活が垣間見られる！？

## 1000年の歴史を誇る活気ある市場
# *Mercato di Ballarò*
バッラロ市場

パレルモでいちばん歴史があるとされる市場。3つの市場のなかもっともにぎやかで、魚市場の周辺はほかの地域出身のイタリア人が聞いても恐らくなにを言っているか分からないであろう、コテコテのパレルモ方言で客引きの叫び声が響きわたります。魚も野菜も並べ方がかなり独特。買い物の目的がなくても、ウロウロするだけで楽しいです。パニーノ・コン・ラ・ミルツァやパネッレなど（P.31）のストリートフードの屋台も。

迫力あるメカジキ。切り口を見れば新鮮さがわかる。

📍入り口はパレルモ中央駅のすぐ側にあるトゥコリ通り（Corso Tukory）。またはマクエダ通り（Via Maqueda）からジェズ教会方面へ入っていくとぶつかる／MAP 📍P.10[C-2]
🕐7:30～20:00、無休（13:00以降は開いている屋台もあるが、魚市場など飲食の屋台の多くは閉店。日曜祝日は13:00まで）

魚、野菜、果物、オリーブやチーズ、加工肉など、食材豊富。店じまいは早めなので注意！

## 新市街至近、日用品まで並ぶ市場
### *Mercato del Capo*
カーポ市場

カリーニ門から約1km続くカーポ市場。活気はバッラロ市場に負けていない。

マッシモ劇場(P.20)のすぐ裏側の道を進むと左手に見えてくるカリーニ門 (Porta Carini) からの1本道にある市場。ホテルが多く集まる新市街からのアクセスがいちばんよいので、早起きして出かけてみましょう。バッラロ市場がローカルな印象が強いのにくらべ、こちらは観光客向けの店が多め。おみやげに最適な、ブロンテのピスタチオや、モディカのチョコレート、マグロのカラスミの塊なども店頭に並んでいます。

🦶マッシモ劇場の裏、ヴォルトゥルノ通り(Via Volturno)を進んで左手。入り口のカリーニ門近くにも野菜や果物売り場が集まっている／MAP 📍 P.10[B-2] 🕐7:00〜20:00、無休（13:00以降は開いている屋台もあるが、魚市場など飲食の屋台の多くは閉店。日曜祝日は13:00まで）

## 小規模ながら良質の食材が揃う
### *Mercato della Vucciria*
ヴッチリア市場

地元客が多く、ほかの市場と比べて静か。

ヴッチリアの語源はboucherie（フランス語で「肉屋」）から来ていると言われています（現在は、シチリア方言で「混乱」）。もともとこのマーケットは肉屋専門だったそう。その後、野菜や魚も販売される市場となりました。バッラロ市場とカーポ市場に比べると、少し静か。香辛料を扱う店もあります。夜はバーやクラブのような雰囲気になる、地元客がメインの市場です。

🦶入り口はローマ通り(Via Roma)のリナッシェンテ・デパートの真横にあるサン・ドメニコ広場 (Piazza San Domenico)／MAP 📍 P.10[C-2] 🕐8:00〜14:00、日曜休

## パレルモ市民が誇るオペラ劇場

# Teatro Massimo
マッシモ劇場

パレルモ出身の建築家、ジョヴァン・バッティスタ・フィリッポ・バジーレによる設計で、着工から22年後の1897年に息子のエルネスト・バジーレが完成させた。

外観は新古典主義、内部はリバティ様式。資材はほぼシチリア産。

　　19世紀に南イタリア最大の歌劇場として完成したマッシモ劇場。映画『ゴッドファーザー PART Ⅲ』の撮影が行われたことでも知名度は高いですね。アルパチーノ扮するマイケルの娘が殺されてしまうラストシーンは印象的。マッシモは、イタリア語で「最大」の意味。パリとウィーンのオペラ座の次にヨーロッパでは3番目の規模を誇ります。この劇場はパレルモ市民たちの誇り、象徴なのです。

上・1300ある座席はプラテア（平土間）、パルコ（ボックス席）、ガレリア（天井桟敷）の3種。／下・フレスコ画が描かれた天井は、昔の扇風機になっている（絵の窓部分が開閉する）。

5階建ての劇場の内部は絢爛豪華。ツアーに参加するとロイヤルボックスにも入れる。

夜はライトアップされ、昼間とは違った表情を見せる。

1897年5月16日にジュゼッペ・ヴェルディの『ファルスタッフ（Falstaff）』でこけら落としが行われ、その後1974年から23年間建物の修復のために閉鎖されていた時期もありますが、今もなおパレルモ市民自慢のオペラ座として在り続けています。

　パレルモ滞在中に公演があれば、ぜひ訪れてみて！ 言葉が分からなくても楽しめるはず。バッチリおしゃれして行きましょう。チケットはオンラインか、劇場内のチケット売り場で購入できます。

　オペラの公演以外でも、劇場内ツアーに参加すれば内部を見学できます。劇場の歴史や建物の構造について詳しい説明（英語かイタリア語）が聞け、ロイヤルボックスに入ることもできます。

Piazza Verdi, Palermo
📞091-6053580（チケットオフィス）
🌐 www.teatromassimo.it
🕐 劇場内訪問ツアー
　9:00 〜19:00（最終受付18:30）、
　※祝日や公演の都合で臨時休業あり
💶 大人€12（25歳以下€6、6歳未満無料）
個人の場合、劇場内訪問ツアーは公式サイトから予約可能。10名以上の団体の場合は
visiteguidate@teatromassimo.itまで予約メールを。
MAP 📍P.10[B-2]

◎階段を上り下りするので、歩きやすい靴がおすすめ

# パレルモのアラブ＝ノルマン様式建造物群

「パレルモのアラブ＝ノルマン様式*建造物群及びモンレアーレ大聖堂、チェファルー大聖堂」は、シチリア王国がもっとも栄えていたノルマン時代（1130〜1194年）の、イスラムとビザンチンがキリスト教文化と融合した建築物の文化的な豊かさ、高い芸術性などが認められたことから、2015年にイタリア51番目の世界文化遺産に認定されました。

シチリア島内には自然世界遺産も2つあり、合わせて世界遺産は7つに。これらの世界遺産はシチリアの各地に点在しています。パレルモ市内にあるのは7つの建物。さらに、パレルモ郊外に位置するモンレアーレでは大聖堂と修道院の回廊、パレルモから東50kmに位置するチェファルーでは同じく大聖堂と修道院の回廊と合わせて全部で9つの建造物が同時に登録されました。

＊ノルマン様式建築：11世紀頃に発展したノルマン人による建築様式。外観の装飾は非常に少なく、要塞のような単純な石造りの重々しい雰囲気が特徴。アラブ＝ノルマン様式は、そのノルマン様式とビザンチン、イスラムの文化が融合してつくられた建築様式のこと。

大理石の床の12星座に、天井の丸窓から差し込む光で季節や増刻日などを表す。

守護聖女ロザリアの骨も納められている、パレルモ市民にとって大事な教会。

## Cattedrale di Palermo

パレルモ大聖堂

1185年完成

新古典様式の内部はシンプルな構造。

Corso Vittorio Emanuele, Palermo
📞091-334373／🌐 www.cattedrale.palermo.it
🕐7:00〜19:00、土日曜祝日8:00〜19:00、無休／❌無料
◎ノルマン王家の墓＆クリプタ（地下聖堂）＆宝物殿＆地下室＆アプス＆屋上は＝🕐9:30〜18:00（月〜土曜）、10:00〜18:00（日曜）
※最終受付〜17:30、全共通チケットは〜17:00
💰ノルマン王家の墓€2（6〜17歳€1）／クリプタ＆宝物殿＆地下室＆アプス€6（11〜17歳€4、6〜10歳€1）／ノルマン王家の墓＆クリプタ＆宝物殿＆地下室＆アプス€7（65歳以上€6、11〜17歳€4、6〜10歳€1）／ノルマン王家の墓＆屋上€7（65歳以上€6、11〜17歳€4、6〜10歳€1）／全エリア共通チケット€12（65歳以上€10、11〜17歳€6、6〜10歳€1）／MAP P.10[C-2]

もともとは4世紀に建てられたキリスト教の教会が、7世紀にヴァンダル人によって再建され、9世紀にはアラブ人がモスクとして改修、11世紀にノルマン人により教会として再建されました。さらに1169年の地震で崩壊するも、大司教グアルティエーロ・オッファミーリオの指揮により12世紀に再建。現在の建物はその後もたびたび増築や改築が行われたため、混合様式となっています。

広さの割に内部の装飾はかなりさっぱりしていますが、外観はとても豪華。私の好きなのは後陣部分。イタリアの教会らしくないイスラム風の幾何学模様には、ついつい見入ってしまいます。一つひとつ異なるデザインの模様が施されているのも興味深いです。

一面豪華できらびやかな金箔のモザイクで装飾されたパラティーナ礼拝堂。

# *Palazzo dei Normanni(Palazzo Reale) e Cappella Palatina*

ノルマン宮殿（王宮）　1130年完成
パラティーナ礼拝堂　1143年完成

天井のクーポラに描かれているのは「天使に囲まれた全知全能の神キリスト」。

パレルモを訪れたら必見の重要な建物。もともとアラブ民族の城砦があり、その後12世紀にノルマン人によって大改装され、実際に王宮として使われていたのがこの宮殿。ノルマン王国初代国王ルッジェーロ2世のために1143年に建てられた、宮殿内にあるパラティーナ礼拝堂の金モザイクは圧巻。現在宮殿はシチリア州議会場として使用されています。週末をはさむ金〜月曜日のみ、宮殿内の会議場や居間なども見学可能（それ以外の日はパラティーナ礼拝堂のみ）。宮殿内で美術絵画展や展覧会などが開催されていることもあります。

Piazza del Parlamento, 1, Palermo
📞091-7055611／🌐 www.federicosecondo.org
🕐8:30〜17:00（日曜祝日〜13:00）、1月1日と12月25日休
（その他臨時休業、閉館が早まる場合は公式HPに告知）※最終入場は閉鎖30分前。
🎫パラティーナ礼拝堂＆王宮庭園＆考古学エリア＆展示会＝火〜木曜€15.50（18〜25歳＆65歳以上€13.50、14〜17歳€9、13歳以下無料ただし大人同伴の場合）
🎫パラティーナ礼拝堂＆ノルマン王宮＆王宮庭園＆考古学エリア＆展示会＝金〜月曜、祝日€19（18〜25歳€17、65歳以上€15,50、14〜17歳€11、13歳以下無料ただし大人同伴の場合）※ミサ開催時（日曜祝日9:30〜11：30、平日朝の場合も）、パラティーナ礼拝堂は入場不可
🚶パレルモ大聖堂から徒歩5分／MAP 📍P.10[C-2]

# Chiesa della Martorana
マルトラーナ教会

1143年完成

ビザンチン様式とバロック
様式が融合された主祭壇。

海軍提督の聖母マリア教会（Santa Maria dell'Ammiraglio）とも言われ、その名のとおり1143年にルッジェーロ2世の海軍提督ジョルジョ・ダンティオキアにより建設され、その後改築と増築が繰り返されました。正面のファサードはバロック様式ですが、これは後期に改築された時に加えられたもの。内部はとくに美しく、フレスコ画も素晴らしいですが、やはり目を引くのは建設当時から存在すると言われている金モザイク画。圧巻です！

金モザイク画には、聖人達やキリストの物語が描かれている。

Piazza Bellini, 3, Palermo／📞345-8288231
🕘9:00～13:00、日曜祝日はミサで訪れる人のみ／€2
📍クアットロ・カンティから徒歩1分／MAP P.10[C-2]

# Chiesa di San Giovanni degli Eremiti
サン・ジョヴァンニ・デッリ・エレミーティ教会

1136年完成

5つの赤い丸屋根、クーポラが目印の、6世紀に創建されたグレゴリウス派修道院があった場所に、1136年にルッジェーロ2世の命でベネディクト修道会のためにノルマン様式で建てられた教会。13世紀に破壊されますが、19世紀にイスラム風に改修。今は教会としては使われていません。中庭にある美しい回廊（キオストロ）は、装飾も見事です。

イスラムの寺院を思わせる外観。

Via dei Benedettini, 16, Palermo
🕘9:00～18:30（日曜13:00）、無休
€6、18～25歳€3、それ以下は無料
📍ノルマン宮殿から徒歩7分／MAP P.10[C-2]

二重の柱とアーチによって形成された回廊は、南国風の植物と見事に調和。

## Chiesa di San Cataldo
サン・カタルド教会

1160年完成

パレルモのアラブ・ノルマン建築のシンボル。

マルトラーナ教会の真横に位置する、3つ並んだ赤いクーポラがとても印象的でかわいらしい教会。1154年頃から、ノルマン王国2代目国王グリエルモ1世の宰相によって建設がはじめられたと言われています。建設中にその宰相が暗殺されたり、その後王自身が亡くなったりとトラブル続きで、内部は意外と地味。18世紀後半から約1世紀の間には、郵便局として使用されていたことも。その後、19世紀に修復が行われて、現在の姿となりました。

Piazza Bellini, 1, Palermo
📞091-7829684
🕙10:00~18:00、無休
💶€2,5
※マルトラーナ教会のチケットを所有している場合は€1,5に割引
👣クアットロ・カンティから徒歩1分
MAP 📍P.10[C-2]

## Ponte dell'Ammiraglio
海軍提督の橋

1131年頃完成

住宅街の真んなかにどっしりと構える橋。

マルトラーナ教会と同様、ルッジェーロ2世の時代の海軍提督ジョルジョ・ダンティオキアによって建設された橋。昔はここをオレート川が流れており、そこに架けられた橋でした。橋の下の部分に12の小さなアーチがあり、当時の建築技術の高さを感じさせます。

Piazza Ponte dell'Ammiraglio, Palermo
MAP 📍P.11[C-3]

ノルマン王国3代目国王グリエルモ2世によって建てられた宮殿。もともとは王の別邸として建設されたものだそう。ジーザは、アラビア語の「アル・アジーザ」(Aziz:「素晴らしいもの」の意味）が由来。すべて、イスラム人の建築家と職人によって建設されたと言われています。外観はその他のノルマン様式建築にならいわりと地味ですが、ぜひなかに入って内部を見学していただきたいです。その豪華さは息を呑むほどです！

Piazza Zisa, Palermo／📞091-6520269
🕙9:00～19:00(日曜祝日13:30)、月曜休（最終入場は閉鎖30分前まで）
💶€6(17歳以下は無料)
👣ノルマン宮殿から徒歩22分／MAP 📍P.10[C-1]

## Castello della Zisa
ジーザ城（宮殿）

1175年完成

宮殿内は博物館のようになっており、数多くの工芸品も見学できる。

絶景の先にある聖なる岩窟教会

# Santuario di Santa Rosalia
サンタ・ロザリア聖堂

サンタ・ロザリアが身に纏う金の衣装は、スペイン王カルロス3世から献上されたもの。

　ペストの流行により人々が絶望していた17世紀、パレルモ出身の女性のもとに、後にパレルモの守護聖女となるロザリアから「ペッレグリーノ山に自分の骨がある」とお告げがありました。そのお告げどおり彼女の骨が発見され、聖遺物とともに宗教行列を行うと、ペストが一気に収まっていったと伝えられています。その奇跡を称えるために建てられたのがこの聖堂で、パレルモっ子たちにとって大聖堂と同じくらい大事な場所。標高約600mペッレグリーノ山の430m地点に位置しており、ペッレグリーノ山が神聖な山と崇められているのも、この聖堂があるため。ロザリアがパレルモの守護聖女となった後、彼女の骨が発見されたとされる7月15日は前日の前夜祭を含

Silenzio e preghier

キリスト教信者でなくても神聖な気持ちになるスピリチュアルな空間。

信仰の厚いパレルモ市民が、
毎日のように訪れている。

長い階段を上り終えると、立派なファサー
ドが見えてくる。

めて毎年盛大なお祭りが行われています。

　洞窟風のひんやりとした聖堂の入り口近くにはサ
ンタ・ロザリアの像があり、そのまわりには赤ちゃん
グッズが。これらは、ペッレグリーノ山を登って、病
気の治癒や安産などの願掛けをする信者によって
納められたものです。

Via Pietro Bonanno, Montepellegrino, Palermo／📞091-540326
🕐9:00~18:00、土曜9:00~18:30、日曜祝日8:00~18:00、無休
　　※ミサ中は参拝客でいっぱいになるので、見学不可
🚌パレルモ市内、ルイージ・ストルツォ広場(Piazza Luigi Sturzo)から812番バスで終点のペッ
レグリーノ山(Monte Pellegrino)下車、すぐ(約40分)／MAP📍P.5

◎観光客もたくさん訪れる場所ですが、あくまでも神聖な空間なので、参拝中は静かに。短パンや
　ビーチサンダル、ノースリーブなど肌の露出の多い格好は避け、大きな声で話したり、ほかの参
　拝客の邪魔になるような行動は控えましょう。

# おいしいシチリア

## シチリア人の生活は食ベース

　美食の宝庫・シチリア島には、本当においしいものが盛りだくさん！海に囲まれた印象のせいか、魚介の印象が強いようですが、肉料理やチーズ、サラミといった山の幸も豊富。肥沃な大地と素晴らしい気候などさまざまな自然の好条件に恵まれ、なにを食べてもおいしいんです！そんな環境のためか、シチリア人の食に対するこだわりは半端ありません。朝食を食べながら昼食のメニューの話をし、昼食時には夕食に何を食べるかを話し合います。新しい友達ができると、必ずと言っていいほど家に招待してご馳走を振る舞います。おいしいものを振る舞うことは、シチリア人にとって最大のおもてなしなのです。

　シチリア島でおいしいものを食べたいのなら、ぜひ地元の人に聞いてみて。彼らに人気のお店は、間違いありません！なんといってもシチリア人は舌が肥えていますから。

## 料理を注文する時

　シチリア料理は普通のイタリア料理と同様、前菜→プリモ→セコンド→デザートの順。もちろんすべて注文する必要はなく、パスタ1品でもOK。一度に複数の料理を注文しても、例えば前菜とパスタが同時に出てくることはありません。一緒に持ってきてほしい場合は注文時に指定を。なお、トラットリアなどカジュアルなレストランでは、パスタはとくに量が多め。シェアしたい場合は注文時に伝えましょう。高級リストランテでのシェアはNGです。

## 会計とチップについて

　会計は基本的にはテーブルで。ウェイターに「コント・ペルファヴォーレ（Conto per favore＝お会計お願いします）」と言いましょう。イタリアにはもともとチップの習慣はありませんが、最近ではマナーとして、気軽なトラットリアやバーではお釣りの€2程度を置いていく傾向があります。少しおしゃれなレストランやドレスコードのある店では、€5札以上のお札を気持ち程度置いていくのがよいでしょう。

## シチリアでの食事時間

　シチリアの食事時間は日本よりやや遅め。ホテルでの朝食は7時半〜が多いですが、8時〜のところも。昼食は12時半または13時〜15時半頃まで。夕食は19時半または20時〜23時半頃オープンのレストランが多いです。もっとも混み合う時間帯は昼は13時半頃、夜は21時頃。人気店は予約を忘れずに。

　シチリア人は、食事中はもちろん、食事が運ばれてくるのを待っている時間や食後に友人とおしゃべりする時間が大好き。コーヒーや食後酒を味わったりしてなかなか席を離れようとしません。そのため、地元客でいっぱいの店はテーブルの回転率は非常に悪いので、予約なしで行くのは危険なのです。

前菜、プリモ、セコンドなどの定番メニューをご紹介します!

# シチリアの名物料理

シチリア料理で、もっともバリエーションが豊かで、
重要な存在とされるのが前菜。一般家庭で食事に
呼ばれる際も、1種類のみが登場することはあまりな
く、数種類～10種類以上登場することもあります。

【前菜】
## Antipasti

### Caponata カポナータ

ナスと野菜のトマトソース煮込み。シチリア
版ラタトゥイユ。

### Insalata d'arance
インサラータ・ダランチェ

オレンジのサラダ。フェンネルとセットになっていることが多い。
オリーブオイルと酢でシンプルな味つけ。

### Antipasto Siciliano
アンティパスト・シチリアーノ

シチリア特産のサラミやチーズ
をはじめ、山の幸がたっぷり
味わえる。

### Parmigiana パルミジャーナ

揚げナスとトマト
ソース、チーズを
ミルフィーユのよ
うに重ねたオーブ
ン焼き。

### Insalata di mare
インサラータ・ディ・マーレ

エビやムール貝など盛りだくさん
の魚介のサラダ。

### Cocktail di gamberi
カクテル・ディ・ガンベリ

エビをケチャップとマヨネーズで
和えたサラダ。

### Tartare di tonno
タルターレ・ディ・トンノ

マグロのタルタル。角切りにした
生のマグロをレモンやオレンジの
汁やオリーブオイル、塩コショウ
などでシンプルに味つけしたもの。

# Primi Piatti
## 【プリモ】

パスタやリゾット、スープ類がこのカテゴリー。日本人にとっては量が多いので、少なめを希望する場合は事前に伝えましょう。量を残すと、料理が気に入らなかったのかと聞かれてしまいます。

## Pasta alla Norma
### パスタ・アッラ・ノルマ

揚げナスとトマトソースのパスタの上にリコッタチーズをたっぷりかけたもの。

## Pasta con le serde
### パスタ・コン・レ・サルデ

主にパレルモの名物料理。イワシとフィノッキエット(香草)とレーズン、松の実、パン粉などを使ったパスタ。

## Macco di fave
### マッコ・ディ・ファーヴェ

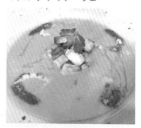

ソラマメのポタージュ。とくに冬にうれしいスープ。地元の人は小さいパスタと一緒に食べる。

## Pasta al nero di seppia
### パスタ・アル・ネーロ・ディ・セッピア

定番のイカスミパスタ。歯と唇が真っ黒になるのはご愛敬で。

## Pasta al pesto trapanese
### パスタ・アル・ペスト・トラパネーゼ

トラーパニ地方の料理。定番ジェノベーゼのペストと異なり、バジルとトマト、アーモンドを使う。

## Spaghetti alla bottarga di tonno
### スパゲッティ・アッラ・ボッタルガ・ディ・トンノ

マグロのカラスミのスパゲッティ。シチリアのカラスミは、ボラではなくマグロが定番。

## Spaghetti con i ricci di mare
### スパゲッティ・コン・イ・リッチ・ディ・マーレ

ウニのスパゲッティ。ウニとオリーブオイル、ニンニクとイタリアンパセリのみ。

## Couscous di pesce
### クスクス・ディ・ペッシェ

主にトラーパニ地方で食べられる魚介のクスクス。一緒に煮込んだ魚から出るダシたっぷりの汁を、好みでクスクスにかけていただく。

# Secondi Piatti【セコンド】

肉や魚などメイン料理。魚は甲殻類をはじめ、タイ、マグロ、メバルなど
わりとなんでも食べます。肉は、主に牛、豚、鶏に加え羊や兎なども。

## Involtini di Carne
### インヴォルティーニ・ディ・カルネ

肉巻き料理。具はさまざまだが、チーズを混ぜたパン粉がメインのことが多い。肉は牛や鶏など。

## Acqua pazza
### アクア・パッツァ

魚をオリーブオイル、白ワイン、トマト、イタリアンパセリなどで煮込んだ料理。

## Pesce spada alla griglia
### ペッシェ・スパーダ・アッラ・グリッリア

メカジキのグリル焼き。シンプルにオリーブオイルとレモンなどを搾っていただく。

## Fritto misto di pesce
### フリット・ミスト・ディ・ペッシェ

イカやエビ、小魚などをカラッと揚げた、子どもも大好きなメニュー。ギュッとレモンを搾って揚げたてを。

## Scaloppine al Marsala
### スカロッピーネ・アル・マルサーラ

薄切りにした肉をマルサラ・ワインのソースで煮込んだもの。

## Contorni【つけ合わせ】

### Insalata verde
#### インサラータ・ヴェルデ
シンプルにレタスやルッコラなどが入ったグリーンサラダ。

### Insalata mista
#### インサラータ・ミスタ
ミックスサラダ。レタス、トマト、ルッコラ、ニンジンが基本。コーンやツナ入りも。

### Verdure grigliate
#### ヴェルドゥーレ・グリッリアーテ
野菜のグリル。ナス、ズッキーニ、トマトなど。味つけはシンプルにオリーブオイルと塩で。

### Insalata di pomodori di Pachino
#### インサラータ・ディ・ポモドーリ・ディ・パキーノ
パキーノ（チェリートマトの1種）のサラダ。ケッパーやオリーブなどと一緒に。

### Patate al forno
#### パターテ・アル・フォルノ
ジャガイモのオーブン焼き、ローズマリー風味。

## Dolci【ドルチェ】

### Cannolo カンノーロ
筒状のパイ生地にたっぷりリコッタクリームを詰めたもの。

### Cassata カッサータ
リコッタクリーム入りのスポンジのまわりを糖衣で覆ったケーキ。ジェラートケーキになっている場合も。

### Semifreddo alla Mandorla
#### セミフレッド・アッラ・マンドルラ
アーモンドのセミフレッド。セミフレッド（イタリア語で「半分冷たい」の意味）とは、普通のケーキとジェラートケーキの中間的存在で、半解凍された冷菓。

### Biancomangiare
#### ビアンコマンジャーレ
フランス語のブランマンジェ。アーモンドミルクをゼラチンで固めたもの。

## 【ストリートのB級グルメ】

### Arancino/a
#### アランチーノ・アランチーナ
シチリア名物のライスコロッケ。ミートソースが入ったアル・ラグー（al ragù）が定番。ホウレンソウ入りやハムとモッツァレラチーズ入りも人気。

### Panino con la milza
#### パニーノ・コン・ラ・ミルツァ

パレルモ名物モツ煮込み（牛の脾臓を煮込んだもの）のパニーノ（イタリア版サンドイッチ）。リコッタチーズを削ったものをふりかけたり、レモンを搾っていただく。

### Pane e Panelle
#### パーネ・エ・パネッレ
ヒヨコ豆の粉を水で溶き、火にかけて固めたものを揚げたパレルモ名物。これをパンに挟んでパニーノにする。

壁に並ぶきらびやかなワインの数！

アットホームな美食レストラン

# Ristorante Gigi Mangia

リストランテ・ジジ・マンジャ

フレンドリーなオーナー・ジジさんのおかげで店内は常にいっぱい！

　　美食の街パレルモの、もっともオシャレな通りのひとつにあるこぢんまりとしたレストラン。店名はオーナーの本名で、苗字のMangiaはイタリア語で「食べる」の意味。彼の家系は1世紀以上ずっと食に関わる仕事をしてきており、レストランの経営は彼にとって運命のよう。店は常連や観光客などで常にいっぱいです。

　　メニューは魚介類が中心。料理名は、オーナーによってつけられた風変わりなものが多いため、イタリア語や英語による説明書きをチェック。赤エビとホタテのパンソッティ（Pansotti con gamberi e capesante €28）は、ぜひとも試していただきたい一品。またその日にとれた新鮮な魚で特別メニューを提案してくれることも。もともと食材店を経営していたので、ワインの品揃えも抜群のセンス！

上から／ラランチーナ・ダマーレ（L' arancina DAMARE）は、魚介入りライスコロッケ（1個€10）。／粉チーズの代わりに名物リコッタ・サラータを使うのがシチリアならではのパスタ。／パンソッティはジェノバ発祥のラビオリの一種。パスタのなかにエビとホタテが。

Via Principe di Belmonte, 104, Palermo
📞091-587651
🌐 www.gigimangiaristorante.it
🕐12:30-15:00、19:15-23:00、9月30日
〜5月15日日曜休、5月16日〜6月30日月曜休、7月と8月のランチは月曜休、ディナーは無休。秋と冬に1週間休業予定。
MAP 📍P.10[B-2]

名物のスープ料理を味わおう!

# Casa del Brodo dal Dottore

カーサ・デル・ブロード・ダル・ドットーレ

あまりイメージはないかもしれませんが、イタリア料理にもスープ料理がちゃんと存在します。この店は、トルテッリーニという肉詰めパスタをスープでいただく料理が名物。寒い冬にちょっとほっこりしたい、寒くてもちょっとお腹を休めたい、という人にはもってこいのメニューです。

おいしい魚介のパスタのメニューも充実しており、なかでもウニのスパゲッティ (Gli spaghetti con polpa di ricci €22) はおすすめ。メインは、これまた煮込み系の料理に注目。牛肉をやわらかくなるまで野菜と一緒に煮込んだBollito di Manzoはやさしい味。ワインはもちろん、カクテルなどのオーダーも可能。おすすめを聞いてみて。

Via Vittorio Emanuele, 175, Palermo
📞091-321655／⊕ www.casadelbrodo.it
🕐12:30〜15:00、19:45〜22:30、日曜休(夏季)
※10月以降は火曜休、1月10日〜30日は冬季休業
MAP 📍P.10[C-2]

地元の人は、食べる前にスープに赤ワインやオリーブオイルを加える。

左・ウニの濃厚な香りが口いっぱいに広がる!／右・肉の煮込みはシンプルな味つけなので、もう一品、という時にもぜひ。

左・パレルモのメインストリートのひとつ、ヴィットリオ・エマヌエーレ通りに面している。／右・昔ながらのリストランテの雰囲気。

下／エビとポルチーニ茸のパスタ（€10）。ベストのソースが濃厚！／スープラ・イ・ムーラは上にかかっているパン粉が香ばしく、クセになる味。

メカジキの団子の甘酢煮は、魚介のダシがたっぷり。

## 市場の新鮮な魚介を堪能する
# *Trattoria Supra I Mura*
トラットリア・スープラ・イ・ムーラ

夏はとくに、さわやかな風と市場のにぎやかさが感じられるテラス席がおすすめ。

Piazza Porta Carini, 5, Palermo
📞091-584060
🕐12:30~15:30、19:30~24:00
　※日曜はランチのみ営業、無休
MAP 📍P.10[B-2]

　毎日にぎわいを見せるカーポ市場（P.19）のど真んなかにある、伝統的な魚介料理が楽しめる手軽なトラットリア。店名はシチリア方言で「壁の上」の意味。地元っ子なら誰もが知っているパレルモの有名店。店員はとてもフレンドリーで、まるで親戚のお宅でご馳走になるようなあたたかさがあります。

　おすすめは、メカジキの団子の甘酢煮とイワシの団子のトマトソース煮（ともに3つ入りで1皿€8）。どこか懐かしい味のするこの2品は前菜として、両方頼んでぜひ食べくらべをしてみて。

　パスタのおすすめは店名と同じ「スープラ・イ・ムーラ」。パッケリというナポリ発祥のパスタにメカジキ、エビ、アサリ、ムール貝、ズッキーニに加え、ピスタチオとパン粉がふりかけられた盛りだくさんの一品。

## 予約必須の人気魚介レストラン
# Osteria Mercede
オステリア・メルチェーデ

ウニのスパゲッティは€25〜。

　パレルモの新市街に位置し、常に観光客や地元の人たちで賑わう人気店。NHKのテレビ番組「世界はほしいモノにあふれてる」で、MCのJUJUさんも絶賛した極上の魚介料理が味わえます。店内は青と白が基調となったマリンスタイルで、インテリア小物もすべて海がテーマになっていてかわいい。

　シェフはイタリアの料理番組で勝者となった経験もある凄腕で、シチリアの伝統料理を自分のインスピレーションによってアレンジしたものを提供しています。

　メニューはその日にとれた魚介をベースに日替わりで、毎日店内の黒板に提示されます。パスタ類は、ウニのスパゲッティや魚介のリングイネなどどれも絶品。甲殻類を中心にその日の新鮮な魚介が味わえる魚介のスープはぜひ味わっていただきたいです。

ロブスターを使ったメイン料理。その日に仕入れた魚介によって、日替わりメニューが黒板に表示される。

Via Sammartino, 1, Palermo／☎091-332243
✉osteriamercede@yahoo.it
🕐12:30〜14;30、19:00〜22:30、
月曜ランチと日曜休／6月半ばに2週間休業
MAP 📍P.10[B-1]

上・海をテーマにした広すぎない店内は落ち着ける雰囲気。／右・魚介類がたっぷり。盛りだくさんな一品。

石造りの洞窟風の店内は、毎晩若者でにぎわっている。

## パレルモの若者が集うにぎやかなバール
### *Il siciliano*
イル・シチリアーノ

　マッシモ劇場（P.20）から徒歩1分の絶好のロケーションにあるバー。イタリアで定番になりつつある、ハッピーアワー（19時〜）でも有名。イタリアのハッピーアワーとは、カクテルやビールなど飲みものを注文するといろいろなおつまみや軽食が食べられるというもの（P.57）。ここでは、ハムやサラミ、チーズ、パスタなどシチリア島の食材を中心にしたメニューを楽しむことができます。

　カクテルの品揃えもよいですが、シチリア産を中心としたワインもおすすめ。週末の夜はとくに、入りきらないほどに人があふれかえっています。ぜひ、パレルモ流の夜の過ごし方を体験してみて。

Via Orologio, 37, Palermo
📞339-6662121（携帯）／🌐 ilsicilianopalermo.it
🕐17:30〜翌2:00（火曜、水曜は〜0:00）、月曜休／MAP 📍P.10[B-2]

上・祝日や特別な時に登場する魚介のアペリティーボ。／下・改装前はチョコレート屋だったという店舗。22時以降は生演奏が聴けることも。

米粉の皮を使った春巻き風ロールのなかには、カツオバチと野菜がたっぷり。

## まさに心が和む料理を実体験
# Quattroventi Comfort food
クアットロヴェンティ・コンフォート・フード

シックな雰囲気の店内なので、おしゃれして食事に行きたい。

コンフォートな食に出会えるワインバー兼リストランテ。夕食前のアペリティーボに寄るのも、がっつりご飯を食べる場合もどちらも満足できること間違いなしです。店のテーマは、心が満足できる心地よい料理を提供すること。料理に使われているのは、すべてローカルの新鮮な食材のみ。シチリアの伝統料理がモダンなテイストによって見事にアレンジされています。

雰囲気たっぷりの店内の奥では、ガラス越しにキッチンが見えます。シェフは常に新しいアイデアで、極上の料理を提供。メニューが季節ごとに変わるのも楽しみのひとつです。

手づくりのパンが木箱に入って登場したり、本日の魚の切り身、サフラン風味のムール貝とアサリのスープ煮込み（€24）は、大きなどんぶりのような皿に盛りつけられていたりと、見た目も魅力的です。

Via Enrico Albanese, 30, Palermo／📞091-6259187／🌐 www.quattroventipalermo.it
🕐 19:00～23:00、月曜休み。※6月～9月は日曜休み。10月～5月の土日曜はランチ（12:00～14:30）営業、日曜のディナーは休業。1月は休業／MAP📍P.10［A-2］

左・新鮮な魚のスープ煮は、とってもやさしい味。／右・カレッティエーラと呼ばれる伝統の一品の上にマグロのタルタルが（€17）。

37

上・チーズの品揃えも豊富。チーズ好きにはたまらない。/下・通路の両側に上質な食材がひしめき合う店内。

# 最高品質のチーズやサラミが絶品！
## *Pizzo & Pizzo* ピッツォ・エ・ピッツォ

1974年創業のパレルモの小さい食材店でしたが、オーナーの最高品質の食への探究心からどんどん大きくなっていった店。現在は食材店兼エノテカでもあり、リストランテでもあります。販売している食品はすべてオーナーが自ら製造者のもとへ直接行き、太鼓判を押すものばかり。

店内ではショーケースのなかにあらゆる種類のハム、サラミ、チーズなどが並びます。基本的に量り売りですが、もちろん味見も可能。隣に併設されているリストランテではワインに合う前菜類やパスタなど、おいしいワインとともに美食を味わうこともできます。

Via XII Gennaio, 1, Palermo／📞091-6014544
🕘9:00〜15:00、19:00〜22:00、日曜休 ※8月に1週間程度休みあり／MAP📍P.10[B-2]

# パレルモの老舗パティスリー
## *Pasticceria Cappello*
パスティッチェリア・カッペッロ

セッテ・ストラーティというケーキ。7つの層という意味で、チョコレートムースやクッキーなどが重なっている。

1940年代から牛乳や乳製品を扱う店をはじめ、そこでコーヒーやジェラートなどの提供をしていたのが出発点。現在はパレルモ市内に2店舗ある老舗。

ショーケースにはきらびやかなお菓子が並び、どれもびっくりするおいしさ！ 店内でのイートインも可能なので、観光の合間の休憩に甘いものでもいかがでしょう？

上・マジパンでフルーツをかたどったシチリアの名物菓子。日持ちするのでおみやげにも。/下・オーナー兼パティシエのカッペッロ氏は、数々の賞も受賞しているマエストロ。

Via Colonna Rotta, 68, Palermo／📞091-489601（本店）
Via Nicolò Garzilli, 19, Palermo／📞091-6113769（新市街店）
🌐 www.pasticceriacappello.it／🕘07:00〜21:00、水曜休
※新市街店のみ、8月15日の週1週間休業／MAP📍P.10[C-1]

# シチリア名物アランチーニの専門店
## *Ke Palle Arancine d'autore*
ケ・パッレ・アランチーネ・ダウトーレ

リコッタクリーム、ピスタチオ、チョコからなかのクリームが選べるカンノーロもぜひ！

ついつい目移りしてしまう20種類以上が並ぶショーウインドー。

店内にはさりげなくシチリアン・タイルの装飾も。

パレルモ旧市街のクアットロ・カンティからマクエダ通りをマッシモ劇場（P.20）方面に約5分歩いたあたりにある、アランチーニ（シチリア名物ライスコロッケ）の専門店。アランチーニの具は、いろいろあるのがおもしろいのですが、この店はとくに変わった味が多いのがポイント。

定番はアッカルネ（ミートソース）ですが、シチリアではスピナチ（ホウレンソウ入り）やバターの意味のブッロ（ハムとバター、チーズ入り）なども人気。常時10種類以上の品揃えで、定番のライスコロッケに加え、お米と具をパイ生地で包んだオーブン焼きのアランチーナも。ポッロ・アル・カリー（カレー味の鶏肉）やロザリア（イカスミ入りのアランチーナ）はぜひ！1つ €3.5〜。

中は具がたっぷり。できたてはアツアツ！

Via Maqueda, 270, Palermo／☎091-6112009
🌐 www.kepalle.it／🕐10:00〜22:00（金土曜23:00）、無休
MAP 📍P.10[C-2]

いろいろ試着しながら
お気に入りを見つけて。

上・素材やデザインなどバリエーションが豊かなコッポラ帽が並ぶ。／右・帽子のほか、バッグなどの小物類も豊富。

# シチリア流の
# おしゃれを楽しむ
# *Tanto di Coppola!*
タント・ディ・コッポラ！

小物と合わせておしゃれに着こなしたい。

夏らしく爽やかなデザイン。

Via Bara all'Olivella, 72, Palermo
📞091-324428
🌐 www.tantodicoppola.it
✉ store.palermo@tantodicoppola
🕘9:30～19:30、無休
MAP 📍P.10[B-2]

「コッポラ帽」は、シチリア生まれのハンチングのこと。「コッポラ」の語源は、英語の「Cap」がシチリア方言に変化したものだと言われています。もともとは20世紀の初頭に、シチリアの農民男性たちが作業時にかぶっていました。映画『ゴッドファーザー』に登場したことでも有名。現在はもちろん農業やマフィアに関係なしに、普段使いで老若男女問わずにおしゃれにかぶっています。

商品のバリエーションは多く、さまざまなデザインや素材のもの、子ども用はもちろん、ペット用のものまで揃います。一つひとつが職人さんによるハンドメイドで、完全なるMade in Sicilyにこだわっています。

また、コッポラとお揃いの生地の蝶ネクタイやハンドバッグなども。シチリアの伝統とモダンが合わさったこのブランドで、ぜひお気に入りを見つけてみて。

靴下やエプロンの並べ方も個性的。

# 若者に大人気のシチリア発祥ブランド

## *Siculamente*

シクラメンテ

　Siculamenteは、「根っからのシチリア人」を指す言葉。もともとはシチリア古代種族のシクリを指す意味の形容詞もしくは名詞のSiculoを副詞にした造語です。シチリアの南部ラグーサの地元の友達同士で2003年につくられたブランドで、口コミで話題となり現在は若者を中心に人気沸騰中。豊富な色の品揃えと、斬新なデザインが特徴です。

　とくに人気なのはTシャツ（€25〜）で、シチリアに関する絵や方言、言い回しなどのプリントが入っています。一つひとつが深く、そこから学ぶことも多いです。シチリア文化をファッションブランドを通じて広めたいという願いが込められているのだそう。シチリア方言が分からなくても、かわいいものが多いので、おみやげにも最適！ レディースや子ども用もあり、コッポラ帽やバッグ、キーホルダーなどのアクセサリーも揃っています。

コッポラ帽やバッグもたくさん。

カジュアルな店内にはTシャツやパーカを中心にたくさんの商品が並ぶ。

迷ったときは店員さんにアドバイスを聞いてみて。

Via Roma, 230, Palermo（パレルモ店）
📞091-7476779／🌐 www.siculamente.it
🕘9:00〜21:00、無休
MAP 📍P.10［C-2］
◎タオルミーナ店、メッシーナ店、カターニア店、ラグーサ店もあり

# カラフルでポップな絵柄が素敵な陶器
## *Ceramiche De Simone*
チェラミケ・デ・シモーネ

人や魚、動物などのユニークで華やかな絵柄が特徴的。

シチリア島みやげの定番、陶器。なかでもとりわけ明るくカラフルでかわいらしいデザインが注目されるのが、ここ、デ・シモーネ。東京・中目黒に直輸入している店「ジラソーレ（Girasole）」もあり、日本人ファンも多い人気店です。

創始者ジョヴァンニ・デ・シモーネ（Giovanni De Simone）はパレルモ出身の芸術家で、あのピカソと同じ美術学校出身で、ともにアートを学んだそう。陶器に描かれる独特の絵は確かにどこかピカソのスタイルを彷彿とさせます。シチリアの風景やそこで働く人々などが、一つひとつあざやかに色づけされています。いちばん人気は壁にかけることでインテリアにもなるタイル（€27〜）。小皿（€23〜）は、和食を出すときにも使えそう。食卓を華やかに演出してくれることでしょう！

左から／1枚でも部屋がパッと明るくなりそうなタイル。／猟師の様子が描かれた巨大プレートは€700。／マグカップやコーヒーカップのほか、パスタやスープ料理に使えそうな深皿も。

Via Cavour, 38, Palermo／☎091-6155859
🌐 www.ceramichedesimone.com/it
🕐 10:00〜13:00、16:30〜19:30、日曜祝日と月曜午前は休み／MAP 📍P.10[B-2]

イベントによく使用される中庭は、結婚式のパーティー会場になることも。

ローマ通りまで徒歩1分と立地も抜群。

## 修道院を改装した高級ホテル
# Grand Hotel Piazza Borsa
グランド・ホテル・ピアッツァ・ボルサ

かつて修道院だった建物を改装した、パレルモの中心街にあるホテル。入ってすぐ目に入るのは美しい回廊のある中庭。ここでお茶やアペリティフを楽しめばリッチな気分に。夏はコンサートなどのイベントも開催されています。

奥行きが深く広いホテルの内部は、今でもなお歴史ある建物の趣が残る造り。客室は現代とアンティークがうまく調和しており、居心地がよく快適です。ラグジュアリーな雰囲気に包まれながらちょっと贅沢気分でパレルモに滞在できます。オフシーズンは、お得な価格で宿泊できるのでおすすめ。

スイートルームは16部屋。ゴージャス気分が味わえる。

Via dei Cartari, 18, Palermo
📞091-320075
🌐 www.piazzaborsa.it
🛏 シングル
（ダブルのシングルユース）€195~、
ダブル€240~(朝食つき)
全127室
MAP 📍P.11[C-3]

ムード満点のスパ施設内。リラックスできること間違いなし!

スパ施設完備の
デザイナーズホテル

*Quintocanto Hotel & Spa*
クイントカント・ホテル&スパ

パレルモの観光スポットが数多く集まる旧市街の交差点クアットロ・カンティ（四つ角）のすぐ側に位置する5つ目の角という名前のホテル「クイントカント」。パレルモ大聖堂（P.22）まで徒歩5分、マルトラーナ教会やサン・カタルド教会まで徒歩2分とアクセスも抜群なのは魅力的。

さらにホテル内にはスパ施設が完備（利用は別途有料。マッサージなども予約可能）されていて、リラックスした滞在も楽しめるのはうれしいところ。各部屋のインテリアはモダンで清潔と、非常に居心地のよいデザイナーズホテル。ホテルに併設されているレストラン、ロカンダ・ディ・グスト（Locanda di gusto）では、洗練されたシチリア料理が楽しめます。

上・スパでリラックスした後は、併設レストランで美食を満喫。／下・広々としたモダンな室内は、ゆったりと落ち着ける。

Via Vittorio Emanuele, 310, Palermo／☎091-584913
🌐 www.quintocantohotel.com
🛏 シングル€120〜、ダブル€150〜（朝食つき）／全30室
MAP 📍P.10[C-2]

# ジューシーさん宅でホームステイ

## Casa di Giusy
### カーサ・ディ・ジューシー

屋根裏部屋のベッドルーム。テレビとWifiも完備。

上・専用のバスルームがうれしい。／下・屋根裏の
ベッドルームへはこのらせん階段でつながっている。

上左・オレンジのサラダと肉のロール／上右・シチリア名物のお菓子！／
右・シチリア名物のパスタ・アッラ・ノルマ。

🛏 1泊夕食＆朝食付き€250〜
※ダブルベッドなので2名まで宿泊可。
住所などを含め宿泊の問い合わせ
は ✉ info@siciliaway.comまで

おしゃれなジューシーさんはテーブ
ルセッティングにもこだわっている。

　パレルモの新市街にある、とっても素敵なお宅でホーム
ステイはいかが？ マッシモ劇場（P.20）まで徒歩10分と絶
好の立地にあるお宅です。歴史ある建物を改装していて、
天井にはフレスコ画などもあり歴史を感じさせます。

　ホストファミリーはパレルモ在住のジューシーさんとパート
ナーのフランチェスコさん、ポケモンにハマっている日本が大
好きな9歳の一人息子のピエトロ君。

　おしゃれなジューシーさんのセンスにより、インテリアもとて
も素敵。また料理上手なので、食事つきのホームステイで
美食も味わえます（希望者には料理教室を行うことも可能）。

　ゲストルームは屋根裏にあるのでプライバシーも守られま
す。バスルームもゲスト専用のものが使えます。パレルモで
暮らすような滞在をされたい人にはぜひおすすめ。

パレルモ近郊の絶景ビーチタウン

# Mondello

モンデッロ

左から／色とりどりのパラソルがビーチを彩る。／夏の間は、水着姿でぶらつく人もちらほら。／街の中心の広場はツーリストインフォメーションもあったりと、常ににぎやか。

ペッレグリーノ山から見下ろすモンデッロのビーチ。

ランチをテイクアウトして、ビーチで友達とワイワイしながら食べるのがイタリア風。

パレルモ市内から北に約10kmの場所（車またはバスで約30分）にあるにぎやかなビーチのある街。すぐ傍には、パレルモのシンボル的存在のペッレグリーノ山がそびえ立ちます。美しいこのビーチは、5月を過ぎるとパレルモっ子達がこぞって通いはじめる場所。とくに週末とバカンスシーズンは、近郊で渋滞が起きるほどの人であふれかえります。

ビーチは、自由にタオルを敷いたりパラソルを立てられる公共のものと、有料でデッキチェアとパラソルを借りてスペース確保するタイプに分かれています。後者の場合は、ビーチの入り口でお金を払うことで半日または1日中借りられるので、のんびり過ごしたい人におすすめ。

海沿いには、トラットリアやリストランテがたくさんあります。これらの店に水着のまま入るのはもちろんNG。トラットリアならビーチサンダル着用でもOKですが、水着を乾かして、上に服をきちんと羽織りましょう。リストランテの場合、水着のままやビーチサンダルで店に入るのはマナー違反。イタリア人はおおらかな人が多いので、入店を止められることはないかもしれませんが、自分もまわりの人も気持ちよく食事を楽しむために、最低限のマナーは守りましょう。

モンデッロには、あちこちに軽食の屋台や、手軽なパニーノ屋がたくさんあります。水着のまま気軽に食事したい人は、こうした店でテイクアウトして、ビーチで食べるもよし、店のテーブル席で食べるもよし。地元っ子気分が味わえます。

---

🚌 パレルモのリベルタ通り横のクリスピ広場（Piazza Crispi）の停留所から市バス806番で約30分
🚗 パレルモ中心地から25〜30分

魚介のサラダには、トマトのジェラード付きと盛りつけもオシャレト

カヴァテッリはシチリアの伝統
パスタのひとつ。

おしゃれな盛りつけで、見た目も
味も楽しめる。

## モダンにアレンジされた絶品シチリア料理を

# *Bye Bye Blues* バイ・バイ・ブルース

パレルモっ子の憧れのレストラン。

Via del Garofalo, 23, Palermo
📞091-6841415
🌐 www.byebyeblues.it
🕐13:00〜15:00、
　20:00〜22:30、月曜休
MAP 📍P.12［A-4］

　　　モンデッロの住宅街にこぢんまりと佇む高級リストラン
テ。洗練された雰囲気の店内は広すぎず、シチリア料
理をベースにした創作料理風の美食が満喫できます。
パレルモ在住歴10年以上の日本人男性がシェフとして
働いていて、注文に困った時は厨房から出てきて料理の
説明を行ってくれることも。

　　　コースはアミューズと見た目も美しい手づくりのパンか
らはじまります。本日の生魚の盛り合わせは柚子のマー
マレードつき（€25）。イカ墨が練り込まれたカヴァテッ
リは、プリプリの魚介とウニのソースが添えられた贅沢な
一品（€22）。ワインセレクトのセンスがよいので、予算
や好みを伝えて、料理に合ったワインをソムリエに聞いて
みるのもいいでしょう。記念日や特別な機会にパレルモ
っ子が訪れる、とっておきのリストランテです。

# 話題のジェラート屋さん

## Baretto バレット

左・ブリオッシュ・コン・ジェラートを本場で！ コーンなど有料でトッピングも追加できます。／右・ストラッチャテッラ（チョコチップ入りのミルクジェラート）とチョコレート、その上にホイップクリーム。

カップもOKで€2〜からと良心的な価格。いろいろなフレーバーを試してみて。

1957年から伝統的な製法を守り続け、本当においしいジェラートで地元っ子を魅了し続けているジェラテリア。フルーツなど旬の素材のみを使ってつくる極上ジェラートなので、季節によってフレーバーも異なります。

私の個人的なおすすめは濃厚な香りが口いっぱいに広がるピスタチオ。同じナッツ系のヘーゼルナッツやイタリア定番ヌテッラと合わせてみては!?

夏はスイカやレモンなどの爽やかなフルーツ系フレーバーもいいでしょう。フワフワのブリオッシュにジェラートを挟んで食べるのもシチリア流でボリュームたっぷり。カップかコーンかも選べ、スモールサイズでもフレーバー3種類まで選べるからお得！ 店内にはイートインスペースもあり、ゆっくり食べることもできます。

Via Teti, 13 Palermo／パレルモ中心にも別店舗あり。Via Torrearsa, 7, Palermo
351-7785130（携帯）／ www.barettomondello.it
8:00〜翌3:00、無休、1月2月は休業／MAP P.12［A-4］

「美しい島」という意味のイゾラ・ベッラ。浅瀬でつながっており、歩いてわたれる。

# Taormina

<ruby>タオルミーナ</ruby>

『グラン・ブルー』のリゾート地

　　シチリア島の東海岸に位置する、言わずと知れたリゾート地。標高約200mの場所にあるこの街は、紀元前8世紀に隣町のジャルディーニ・ナクソスにやって来たギリシャ人が植民地を築き上げたことがはじまりです。ジャルディーニ・ナクソスはシチリア最古のギリシャ植民地として知られていますが、その後、強力な権力を所有していたコリント人の植民都市・シラクーサとの戦争に敗れてしまいます。そして、奴隷になることを恐れて山の中腹へ逃げ延びたギリシア人たちが、土着の民族とつくり上げた街が現在のタオルミーナとされています。タオルミーナは自然によって形成された要塞が街を守ってくれていました。

あちこちで見かけるサボテンは、青い
海と合わせてシチリアの名物。

そのギリシャ人たちがタオルミーナの街中でもっとも
見晴らしのよい場所を選び、約10万トンもの石をくり抜
いて造りあげたのが、ギリシア劇場です。ここからヨー
ロッパ最大規模の活火山、エトナ山（3,329m）と青いイ
オニア海の海岸線を見わたすことができます。ドイツの
詩人で作家のゲーテは「この劇場から見るパノラマは
世界いちの美しさだ」と語ったとか。夏にはイベントや
コンサート、オペラなどが開催されるので、訪れる際
は要チェック！ライトアップされた劇場は必見です。

　タオルミーナのメインストリート、ウンベルト通り

上・街でいちばん重要な教会ドゥオーモ
（大聖堂）。海賊の襲撃の際、人々が逃
げ込めるように造りは頑丈。／右・階段
や坂道が多く、それを利用して看板を
置いたり、商品を並べる店も。

（Corso Umberto）※は、タクシーや許可を持っている車両のみしか入れないため、ほぼ歩行者天国となっています。この通りを中心に街は成り立っているといっても過言ではありません。たくさんのショップ、レストラン、カフェが建ち並んでいて、ウィンドウショッピングをするだけでも楽しく、とくに夏は夕方から夜までにぎわっています。街の中心街からビーチサイドへは、ロープウェイで数分で降りられます。

※ウンベルト通りは通称。正式にはウンベルト1世通り（Corso Umberto I）

小道や階段の多い、とてもかわいらしいつくりの街と、青く美しい海が魅力的なタオルミーナ。警察の見回りなどもしっかり行き届いているためか、治安もとてもよいので、街歩きも安心です（あくまでも外国なので、多少の警戒は常に必要ですが）。自然の美しさをゆっくり楽しみながら、のんびり数日間滞在したい場所です。

花がきれいに咲く季節はとくに街中が華やかになる。

街の中心にある広場に面したカフェで、絶景と街ゆく人を眺めながら休憩してみては？

あたたかみが感じられる小さな教会。ここで結婚式を挙げる人も多い。

# 伝説の教会と絶景ビュー!
## *Santuario Madonna della Rocca*
マドンナ・デッラ・ロッカ教会

タオルミーナの街で、西の方を向けば見える要塞のすぐ下の十字架。これは、標高398mの岩のなかのマリアを記念して建てられた小さな教会、マドンナ・デッラ・ロッカのシンボルです。

このこぢんまりとした教会には、こんな伝説が語り継がれています。昔、羊飼いの少年が羊を連れている途中に嵐に遭い洞窟に避難しました。そこで突然強い閃光のなかに、子どもを抱いている青い服を着た女性が見えたのです。驚いた彼はそこから慌てて逃げ出しましたが、その後その出来事が気になって、両親とともに洞窟へ。するとなかの岩にひびが入っており、少年は子どもを抱いた女性の姿に気づきました。それがマリアだったのです(実は絵画だったのですが)。その洞窟は、マリアが現れた奇跡を残す教会となりました。現在も壁にある絵画の跡を見ることができます。

教会の前は展望台のようになっており、タオルミーナの街全体が見下ろせます。天気のよい日はとくに、真っ青な海と空の絶景が満喫できます。タオルミーナの中心部から階段を上って20分ほど。夏は暑いのでハードですが、冬はバスの本数が減ることもあり、徒歩のほうが確実。

タオルミーナ全景。いちばん景色のよい場所の岩を削ってできたギリシャ劇場も左手に。

上・天井はごつごつした岩肌で、間近で見ると大迫力。/右・教会からさらに高い場所に佇む要塞は、サラセン城、またはタウロ山の城とも。

Salita Castello, Taormina／☎338-8033448(携帯)
教会見学可能時間◉9:30〜12:30、16:00〜19:30
◉閉鎖時は、ガラスのドア越しになかを見ることは可能
◉毎月第3日曜の9:30〜はミサが行われている
🚌メッシーナ門を背に少し下ったInterbus社のバス停留所からカステルモーラ行き(1時間に約1本:9:30頃〜20:30頃まで)で、2つ目のマドンナ・デッラ・ロッカ下車。片道€1.9、往復€3
MAP📍P.12[B-1]

ヴィットリオ・エマヌエーレ広場に面した石の建物。
左はサンタ・カテリーナ教会。

# 11〜15世紀の複合建築で情報収集
## *Palazzo Corvaja* コルヴァイア宮殿

　1538〜1945年まで400年以上もの間、タオルミー
ナの有力貴族コルヴァイア家のものだった宮殿。3つ
の異なる時代の建物から成り立っています。入り口か
ら中庭に入って正面が9世紀に建てられたアラブ時
代の塔。13世紀末にはその左手に新たに建物、また
2階（現在は民族博物館として入場可能）へと続く階
段が加えられました。さらに1400年代初期にはシチリ
ア議会開催のためのスペースとして右棟を増築。

　右棟の1階はツーリストインフォメーションで、シチ
リアの巨大マリオネット人形プーピやシチリアの荷車
カレット・シチリアーノ（P.89参照）が飾られています。
カウンターにはスタッフが常駐しており、バスの時刻や
ツアー情報など、なんでも相談にのってくれます。タ
オルミーナの地図もここでもらえます。

上・中庭から2階へ続く階段は13世紀
末に加えられたもの。／下・入り口には
「i」マークが。2階の博物館も入場無料。

Largo Santa Caterina, Taormina
☎0942-23243、0942-23244
⏰8:30〜14:00（土曜9:00〜13:00)、
16:00〜19:00、日曜祝日休
MAP 📍P.12［B-1］

　※ツーリストインフォメーションは2023年10月現在改装中ですが、まもなく再開予定。

# イタリアのアペリティーボ

イタリアにはアペリティーボ（Aperitivo）という習慣があります。もともとは食前酒を指していましたが、飲みながらおつまみや軽食を食べるのが一般的になってからは、「夕食前の時間帯に飲み食いする習慣」として定着しました。

イタリア、とくに南イタリアの食事の時間帯は遅いので、アペリティーボは19時頃にはじまります。バーでこの時間に飲みものを頼み、「アペリティーボで」と言うと、おつまみや軽食が一緒についてきます。

近年、北イタリアのミラノを中心に、アペリティーボは「ハッピーアワー」と呼ばれるビュッフェ方式のものが主流となりつつあります。つまり、ドリンクを1杯注文すれば食べ物も食べ放題というお得なシステムで、若者に大人気。食前にちょっとだけ飲み食いするのではなく、夕食を済ませる人がほとんどです。ミラノでは、このハッピーアワーで出される食事も凝ったものが多く、寿司や中華などの多国籍料理を提供する店もあるとか。

シチリアでは、パレルモを中心にこのハッピーアワーが徐々に浸透しつつあります。アペリティーボで注文する飲みものの代金は店や食事内容によってさまざまですが、シチリアはだいたい€5〜8程度。アペリティーボで注文するカクテルで若者に人気なのは、スプリッツ（Spritz）。地元客に混ざって、ぜひアペリティーボを試してみてくださいね！

盛りつけも凝ったものが増えてきている。

シチリア南部にあるモディカ産のクラフトビールは、コクのある味。

増えてきているビュッフェ形式のハッピーアワースタイル。

# タオルミーナの美しいビーチをめぐる

## 青の洞窟ボートツアー

# *Escursione in barca nella Grotta Azzurra*

ボート1隻しか入れないほどの狭い洞窟内に光が差し込み、水が神秘的な青色に染まる。

にぎやかなイタリア人は、景色を楽しみながらもおしゃべりが絶えない。

　　　　毎年6〜9月、若者が多くにぎやかな印象のイゾラ・ベッラと、落ち着いた雰囲気のマッツァロの2つの美しいビーチから、サンタ・アンドレア岬にある青の洞窟を目指す乗り合いのボートツアーが出ています。シーズン中は次々にお客が船に乗り込み、いっぱいになったら出発するシステム。この期間の相場は1人€25程度。プライベートの場合は1人€100〜、2人で€150〜程度（時期によって異なる）。

　　　　ボートツアーは約40分。洞窟の入り口は広く、カプリ島のように寝転ばないと入れない、ということはありません。ただ、8月はかなりたくさんのボートツアーが出ていて、洞窟付近がボートで混み合うことも。なかに入ると、外からの光が反射することで本当に神秘的に光る水の青を堪能できます。その後は、再びイゾラ・ベッラの外側をまわり、今度はタオルミーナ岬方面へ。

## Baia d'Isola Bella イゾラ・ベッラ湾

世界的にも知名度の高い小島イゾラ・ベッラの目の前にある海岸。国道に面した長階段を降りたところにあります。イタリアの学校が夏休みとなる6〜9月、とくに8月のバカンスシーズンは、公共スペースは場所の確保が難しいほど混み合っています。一部のリード（Lido）と呼ばれる施設（バールやピッツェリアなどが併設されており、パラソルやチェアなどを有料で貸出している）を除いては、ほぼ公共のビーチとなっており、にぎやかです。

MAP 📍P.12［B-2］

## La Baia di Mazzarò マッツァロ湾

ロープウェイ乗り場のある駐車場から地下階段を通じて繋がっているビーチ。イゾラ・ベッラに降りる階段よりも短いので、アクセスはより便利。イゾラ・ベッラ湾との間には、サンタ・アンドレア岬があり、ビーチが三日月のような形状に広がっているのが特徴。ビーチのほとんどがリードによるパラソルやチェア（貸出は有料）が占めています。

MAP 📍P.12［A-2］

『グラン・ブルー』冒頭でエンゾがパスタを食べていたホテル、カポタオルミーナ。

タオルミーナ岬には、映画『グラン・ブルー（Le Grand Bleu）』（1988年）のロケ地となったアタホテル・カポタオルミーナ（Atahotel Capotaormina）があり、ホテルのプライベートビーチやその近くの貝殻の洞窟など各スポットも見学。船上からジャルディーニ・ナクソス方面の海岸線まで美しく見えます。乗り合いの場合は、乗客にイタリア人がいれば必ず海に飛び込むので、現地流に楽しむなら水着を忘れずに！

◎6〜9月以外はプライベートツアーになる確率が高い。ビーチで客引きをしていることが多いので、値段交渉してみては？

【ビーチまでのアクセス】

タオルミーナは丘の上にあるため、ビーチへはロープウェイで！中心街の近くの乗り場から約15分ごとに運行。ただし、冬季は不定期に運休する可能性もあるので、要注意。

🚠片道€6、往復€10、1日乗り放題€20（2023年9月現在）、所要時間3分程度
🕐6月頃〜9月頃 8:00〜翌1:30、11月頃〜5月頃 8:00〜20:00

シンプルな郷土料理をリーズナブルに！

# Ristorante Malvasia

リストランテ・マルヴァシア

タオルミーナに住む友人に紹介してもらった店。いつも地元客でにぎわっています。家族経営だからこそのアットホームな雰囲気が魅力ですが、比較的小さな店なので、ランチタイムやディナータイムは必ず予約してから行きましょう。あくまでもシンプル、食材をいかした郷土料理がお手頃価格で味わえます。観光客向けのレストランが多いタオルミーナでは貴重な存在のリストランテです。

どの料理も親しみやすい味つけで、つい通い詰めたくなってしまいます。ムール貝をコショウたっぷりで蒸した、ペパータ・ディ・コッツェ（€13）やメカジキのロール（€20）は、このあたりの定番メニューなので、ぜひお試しあれ！窯で焼いたピッツァも人気です。

定番のムール貝料理、ペパータ・ディ・コッツェ。

上・テラス席も人気。すぐにいっぱいになるので、必ず予約を！／左・シチリア産トマトのブルスケッタ。シンプルでおいしい！

Via Apollo Arcageta, 8, Taormina／℡340-3077032
🕐12:30〜14:30、18:30〜22:30、無休
MAP 📍P.12[B-1]

# 遺跡のそばの美食レストラン

## Ristorante Le Naumachie

リストランテ・レ・ナウマキエ

左から／ナスとブッラータ・チーズのパルミジャーナ風は前菜におすすめ。／シチリア伝統のライスコロッケをアレンジ。／外はカリカリ、なかはやわらかいタコはグリーンピースとポテトのソースで。／魚介のタルタルは盛りつけもおしゃれ。

店内のテーブル席のほか、外にテラス席もあり。

Via Giardinazzo, 8, Taormina／☎0942-625145
🌐 www.ristorantelenaumachie.com
✉ lenaumachieristorante@gmail.com
🕐18:00〜22:30、月曜休
※夏季はディナーのみ営業。それ以外はランチ（12:30〜15:00）も営業
MAP 📍P.12[B-1]

店名になっているナウマキエは、タオルミーナに残された古代ローマ時代の遺跡のこと。にぎやかなメインストリートから少し奥まった落ち着いた場所にあるこの小さなレストランの入り口近くには、その遺跡の煉瓦づくりの壁が残されています。

2006年創業で、シェフのフランチェスコさんとワインのエキスパートのクリスチャンさん兄弟が中心となり、料理の質と伝統を重んじた最高の食事を提供しています。店内のインテリアはモダンで非常にエレガント。ゆったり食事を楽しむことができます。

サービスで出されるアミューズは盛りつけも素敵で、毎回楽しみになるほど。ナスとブッラータ・チーズのパルミジャーナ風など、伝統料理にひと工夫加えた料理がとても興味深いです。

# おいしい朝ごはんとピッツァ
# Vecchia Taormina
### ヴェッキア・タオルミーナ

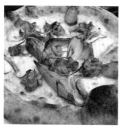

左から／サルシッチャとポテトのピッツァは€14。／Parmenseというピッツァ。生ハムとルッコラ、グラーナチーズなど盛りだくさん。／生ハムとモッツァレッラとトマトソースのシンプルな一品（€13）。／食前につまみたいポテトのほか、ブルスケッタなど前菜の種類も豊富。

タオルミーナのカターニア門から徒歩1分の場所にある、カフェ兼ピッツェリア。美しい海岸線をながめながら食事や飲みものを楽しむことができます。

店は朝の8時から開いており、朝食のコーヒーやクロワッサンを味わう人でいっぱい。イタリア人は朝食に甘いものを食べるのでスイーツのバリエーションが多いのですが、ハムやチーズのトーストなどもオーダー可能。

昼から夜にかけては、おいしいピッツァが味わえます。ピッツァの生地は良質のシチリア古代小麦を使ってつくったもの。また上にのせる食材もイタリア各地や地元の最高品質のものばかりです。伝統製法でつくったジェラートもおすすめなので、デザートにどうぞ。

Piazza Sant'Antonio Abate, 7, Taormina
📞0942-625589
🌐 www.vecchiataormina.it
✉ info@vecchiataormina.it
🕐8:00～00:00、無休
　※ピッツェリアは12:00～
MAP 📍P.12［B-1］

## 料理の彩り鮮やかな
## 盛りつけにも注目!
# *La Capinera* ラ・カピネーラ

ニシカンパチと野菜のラグーのパスタ。まわりにはバジルソースを添えて。

洗練された雰囲気のタオルミーナにぴったりのレストラン。ミシュラン1ツ星でも、どこか落ち着けるのが魅力的。シェフのピエトロさんは、プロも対象とした料理教室やセミナーを行っているほか、フードコンサルティングも務める、まさに食のプロ!料理は、味はもちろん盛りつけも食べるのがもったいないほど。きれいな色使いとデコレーションは素晴らしいのひと言です。

6品あるいは8品のメニューからなるテイスティングメニューは、シェフがセレクトした料理が適量ずつ味わえるのでおすすめ(1人€100〜)。デザートは、カップルで行くと男女それぞれ異なるものが出てくるところはなかなかの演出。食材はモツィアの塩やマザーラ・デル・ヴァッロの赤エビなど、一級品のみにこだわって使用しています。店は美しいイオニア海に面しており、夏はテラス席のロマンチックな空間で食事できます。

上・小エビとアサリの海鮮サラダは、アーモンドクリームなど異なるドレッシングで楽しめる。/右・大きな筒形パスタ、パッケリの中身はエビ、アサリ、トマトのオーブン焼きなど(€24)/下・美食とともに素晴らしい景色も味わえて、二度おいしい!

Via Nazionale, 177, Spisone, Taormina/📞338-1588013
🌐www.pietrodagostino.it/la-capinera/✉info@pietrodagostino.it
🕐19:00〜22:30(火曜〜金曜)、12:30〜14:30、19:30〜22:30(土日曜)、月曜休 ※7月は火曜〜土曜まで19時からのディナーのみ、8月は無休で19時からディナーのみ/MAP📍P.12[A-2]

エビのマリネ。ブルスケッタにのせて食べたい。

左から／メカジキとチェリートマトのパスタ、ミントの風味がさわやか。／本日の魚はおすすめの調理法を聞いてみて。

隠れ家風の魚介レストラン

# Ristorante Grotta Azzurra

リストランテ・グロッタ・アッズーラ

　　毎日とれたての新鮮な魚が店頭に並ぶ、タオルミーナの路地裏レストラン。気に入った魚を指さして、おすすめの調理方法で料理してもらうのもいいでしょう。シンプルにグリルにしてもらうか、タイやスズキなどはアクアパッツァでぜひ。

　　この店はとにかくメニューが豊富で、魚介メニュー以外もバリエーション豊か。シンプルなトマトソースのスパゲッティやポルチーニ茸のリゾットなども。サラダの種類が多いのも、野菜不足になりがちな旅行中にはうれしい限りです。

　　店内奥は、まるで水族館のようなインテリアで、レストランの名前の通り、まるで青の洞窟に迷い込んだかのよう。夏は外のテラス席から埋まっていくので、予約をおすすめします。

夏に人気のテラス席。

Via Bagnoli Croce, 2, Taormina
📞0942-557542
🌐www.ristorantelagrottaazzurra.it
🕙10:30〜00:00、無休
MAP📍P.12[B-1]

入り口の太陽の絵のタイルが目印。

## グラニータの種類の多さと味が自慢!

### *Bam Bar* バン・バール

タオルミーナでグラニータを食べるなら、絶対にここ! 1996年にタオルミーナ出身のバンバーラ兄弟がはじめたこの店(店名の由来は兄弟の苗字)は、ギリシャ劇場から徒歩5分。

このバールの魅力はグラニータ(€4〜)の味はもちろん、種類の多さ。レモンやアーモンドなどが一般的なシチリアではめずらしい、キウイやヨーグルト、バナナ味などもあるうれしいラインナップ。

おすすめの食べ方はシチリア流にブリオッシュと一緒に味わうこと。シチリア人はこのグラニータを朝ごはんやランチ代わりに食べたりもします。ブリオッシュをちぎってグラニータに浸して食べるのが、シチリア流! いろいろ試してお気に入りのフレーバーを見つけてみては?

ブリオッシュをちぎって一緒に食べるのがシチリア風。

Viai di Giovanni, 45, Taormina
📞0942-24355／🌐 www.bambar.it
🕐7:30〜22:30、月曜休(7・8月は無休)
MAP 📍P.12[B-1]

上・色鮮やかなグラニータとブリオッシュ。／右・超人気店なので店内は常ににぎわい、外では順番待ちの人が並んでいます。

# 絶品のピスタチオ専門店
## *Novè* ノヴェ

最高品質のピスタチオの生産で有名なシチリアのブロンテに本店がある店。店内にはおみやげにも最適なピスタチオクリームやペースト、パスタ、クッキーなどのほか、シチリア産のワインやオリーブオイルなども並びます。

カフェ併設なのでイートインも可能。ジェラートはもちろん、ピスタチオクリームのエスプレッソコーヒーはぜひ味見していただきたいです。ピスタチオがたっぷりのシチリア名物ドルチェ、カンノーロもマスト！

甘いものが苦手な人はピスタチオペーストのブルスケッタやパニーノなどがイチオシメニューです。

Via di Giovanni, 27, Taormina
📞328-8713027／🌐www.novepistacchio.it
🕙10:00〜22:00、無休 ※夏季〜22時、冬季〜19時
MAP📍P.12[B-1]

上・シチリア名物カンノーロもピスタチオたっぷり。／下・ピスタチオ風味のエスプレッソ（Caffè al pistacchio）はぜひ試してみて！

上・濃厚なピスタチオクリーム。／下・緑のダイヤモンドと呼ばれるブロンテ産のピスタチオ。

ピスタチオのスイーツはもちろん、リモンチェッロなどのリキュールも。

ボードにはブロンテ産のピスタチオやトラーパニの塩などおすすめ商品が書かれている。

## フルーツなどシチリア産食材の宝庫

*Interfrutta* インテルフルッタ

上・どれも持ち帰りやすいサイズにパッケージされているので、おみやげにもよさそう。／下・カラフルパスタのなかには、イカスミが練りこまれた黒いスパゲッティも。

　タオルミーナの街のかわいいところは小道や階段！階段を利用して商品をディスプレイしている店もたくさんあって、見ているだけで楽しく素敵です。なかでも、きらびやかな食材を目にして思わず立ち止まってしまうのがここ。

　シチリア産のレモンやオレンジなどに加え、パスタ、オリーブオイルやワイン、リキュール類やお菓子など、食材ならなんでも揃っています。ブロンテ産のピスタチオ（1袋€6）やモディカのチョコレート（1箱€3.5〜）などはおみやげにもおすすめです。

Via Naumachie, 1, Taormina／☎0942-626238
⏱8:00〜21:00、無休 ※1〜2月は臨時休業の可能性あり
MAP 📍P.12[B-1]

## カラフルなレザーがいっぱい
## *Mara's* マラズ

カチューシャ（€10）などアクセサリーも。

上・ポーチのような小物もイタリアらしいたくさんのカラーが並ぶ。／右・バッグは小さいものが€45〜。

店に入るとまず色とりどりのハイセンスなバッグに心を奪われます。どれも驚くほどおしゃれで、洗練されたリゾート地タオルミーナの雰囲気にもぴったり。上質な革を使った商品はすべてハンドメイドで100%イタリア製。店名にもなっている、マラことマリアンジェラさんによってデザインされたオリジナルのみが揃います。キーホルダーや小銭入れといった小物やアクセサリーは場所も取らないので色違いを買って友達にプレゼントすればよろこばれること間違いなしです。

Via di Giovanni, 9/B, Taormina／☎0942-620175
🕘9:30〜21:00（夏季23:00〜24:00）、無休
※1〜3月は休業の可能性あり ※閉店時間は季節により変動あり
MAP 📍P.12[B-1]

## シチリアらしいフレグランスや
## 石鹸をおみやげに
## *Narcisse* ナルチッセ

1986年からタオルミーナのメインストリートに店を構える老舗。レモンやオレンジなどシチリアらしい香りのフレグランスやボディーソープなどがおしゃれな店内に並びます。おみやげにもおすすめの石鹸は1つ€10で、香りは6種類。店の人も気さくなので、気軽におすすめを聞いてみて。

上・こぢんまりとした店内にはいい香りが漂う。／左・パッケージもシチリアの陶器のタイル風でエレガント。

石鹸や香水などは大切な人へのおみやげに。

Corso Umberto I, 33, Taormina／☎0942-558025
🌐www.narcisse.it／🕘9:30-21:00、無休／MAP 📍P.12[B-1]

# 陶器づくり体験もできるかわいい店

## Kerameion
ケラメイオン

焼き時間は長くて1週間ほど。

上・色づけが終わったばかりの皿
は、焼き上がりを待つだけ。／下・
プロの職人が丁寧に筆を進めてい
く。大きいと作業も大変。

クリスマスツリーの飾りつけに使わ
れるオーナメント。サボテン柄がキュ
ート。

イタリアの羅針盤を陶器のタイル
で表わしたもの。各方向に風の名
前が描かれている。

Via Fontana Vecchia, 18, Taormina
339-2079032(携帯)
www.kerameion.com
10:00～13:00、
15:00～19:00、無休
MAP P.12[A-1]

　タオルミーナの中心から少し外れた場所に佇む小さな陶器店。リゾート地でもあるこの町でも伝統的なマヨルカ（イタリア語ではマヨリカ）焼きの陶器づくりを守り続ける老舗です。マヨルカ焼きとは、スペインのマヨルカ島を経由して伝わった陶器の名称。その制作技術がアラブ民族を通じてシチリアに伝わり、そこからイタリア中に広まりました。やさしい色使いが特徴的です。

　店内には、小物から大きな壺やプレートまでエレガントな雰囲気の商品が並びます。奥には小さな工房スペースがあり、スタッフが実際に陶器に色づけしているところを見られるかも。陶芸の体験コース（2時間）もあり、粘土からカップ、小皿の成形までか、陶器の色づけまでを選べ、本格的な陶器づくり体験ができます（少なくとも1か月前までに予約を）。

カラフル陶器でインテリアにアクセントを!

# Don Corleone Objects

ドン・コルレオーネ・オブジェクツ

　ウンベルト通りを歩いていると、ふと突然階段に置かれたカラフルな陶器に目がいきます。「ドン・コルレオーネ」と映画『ゴッドファーザー』を彷彿させるような名前にも非常にインパクトあり! デザインも現代アート風でとても素敵です。小物の色使いがカラフルなので、見ているだけでも気分が明るくなります。

　灰皿は€25～で種類豊富、エスプレッソカップは€6～と値段もお手頃なので、日本へのおみやげにもよいでしょう。入り口まわりの飾りつけもなんともド派手で、引き寄せられるように入ってしまいます。

上・ウィスキーやリキュール用のショットグラスは1つ€6～。／下・ユニークな顔が描かれた巨大な壺の横には、未完成の陶器たちが並ぶ。

Corso Umberto I, Salita de luna, 4, Taormina
📞0942-24967／📞340-6660145(携帯)
🕐10:00～20:30(月曜～土曜)、
　10:00～13:00、15:00～20:30(日曜)
※1～2月は店主バカンスのため休業の可能性あり
MAP 📍P.12[B-1]

こんな素敵なカップでエスプレッソを飲めば、一段とおいしくなるかも?

みんなに愛されるピノキオ専門店

# Pinocchio Taormina
ピノッキオ・タオルミーナ

イタリア発祥の童話「ピノキオ」のかわいらしいグッズ！

　世界中で愛されるキャラクター、ピノキオグッズの専門店ですが、ピノキオ以外の木製のセンスのいい小物も店内にたくさん並びます。子どもへのおみやげとしてはもちろん、大人でも思わずいろいろ手に取ってしまうような、楽しい気持ちにさせてくれる店です。

　ピノキオのキーホルダーは€6、鉛筆立て（色鉛筆つき）は€13と値段もお手頃。ピノキオに興味がなくても、思わず立ち寄ってしまいたくなるような魅力的なグッズがいっぱいなので、ぜひ覗いてみてくださいね。

積み木風の置きものなど、遊び心もたっぷり。

上・フレンドリーなおじさんがマリオネットの動かし方を見せてくれることも。／下・ピノキオグッズはイタリア国内でも人気！

Corso Umberto I, 196, Taormina／☎0942-24010
🕙10:00～20:00、無休 ※1～2月は臨時休業の可能性あり
MAP 📍P.12 [B-1]

# 美しい庭園横のかわいいホテル
## Hotel Villa Paradiso
ホテル・ヴィッラ・パラディーゾ

上・朝食と夕食は、エトナ山とナクソス湾の素晴らしい眺望が楽しめるレストランで！／左・シービューか、エトナと海か、眺望で部屋を選べる。／下・夏季に無料で使えるパラディーゾ・ビーチ・クラブまではシャトルバスで約15分。

タオルミーナの中心部から徒歩5分の市民庭園横に位置するこぢんまりとした4ツ星ホテル。正面には青い海と活火山エトナ。シービューの部屋や、エトナと海の両方に面する部屋もあるので、予約時に指定しましょう。6階にあるレストラン「アル・セッティモ・チェーロ」からもこれらの絶景を楽しみながら食事できます。とくに朝食の時間帯は、エトナも綺麗に見えるのでおすすめ。

夏季（6月1日〜9月30日）は、タオルミーナの北に隣接する街のレトヤンニ（Letojanni）にあるビーチ施設、「パラディーゾ・ビーチ・クラブ」を無料で利用できる特典もあるので、滞在中にリッチに海水浴を楽しんでみてはいかが？　ホテルからの有料シャトルバスもあります。

ビュッフェ形式の朝食にはくだものもいっぱい！

Via Roma, 2, Taormina
📞0942-23921
🌐 www.hotelvillaparadisotaormina.com
🛏 1泊€110〜／全34室
MAP 📍P.12 [B-1]

ビュッフェ形式の朝食は内容盛りだくさん。

タオルミーナでデラックスな滞在を!

# Hotel Villa Ducale ホテル・ヴィッラ・ドゥカーレ

タオルミーナの中心から少し離れたマ
ドンナ・デッラ・ロッカ教会(P.54〜55)
のすぐそばに位置し、エトナ山と海岸線
の絶景が目の前に広がるラグジュアリー
なブティックホテル。豪華な朝食はビュ
ッフェ形式で、絶景テラスでいただきます。

部屋にはコーヒーマシーンがあり、冷
蔵庫のミネラルウォーターなどのソフトド
リンクはサービス。アメニティは高級ブラ
ンドのエトロで統一されています。

スイートルームはリビングルームつき。
テラスからは海岸線までながめられる。

絶景をながめながら
朝食を味わって。

Via Leonardo Da Vinci, 60, Taormina／📞0942-28153／🌐www.villaducale.com
🛏 ツインまたはダブルルーム€499〜／全18室／MAP 📍P.12[B-1]

美食もおもてなしも最高、と
評判のエレガントなホテル。

最高のおもてなしで忘れられない旅に

# Hotel Villa Carlotta ホテル・ヴィッラ・カルロッタ

ガーデンスペー
スではのんびりく
つろげるベッドが。

ガーデンビューの部屋も。

歴史的な建物をモダンに改装し
た高級ホテル。中心街にも近く、な
がめは最高。ホテルには、宿泊客以
外も利用できる美食レストランやラウ
ンジバー、プール、ジムも完備。

ホテルの100m先にはラグジュアリー・ア
パートメントが4室あり、ホテルとは異なる
滞在を楽しみたい人にはおすすめ。ホテル
がオープンしている間は、アパートメント滞
在者もプールやジムなどホテルの施設を利
用できます。

Via Pirandello, 81, Taormina／📞0942-626058
🌐 www.hotelvillacarlottataormina.com
🛏 ツインまたはダブルルーム：€499〜(朝食付き)
／全23室+アパート4室／MAP 📍P.12[B-2]

# タオルミーナ近郊の絶景の小さな村

# Castelmola
カステルモーラ

1947年創業の老舗バー「トゥリージ」。インテリアがかなり特殊なことで有名。

タオルミーナの背後の山の上に位置するカステルモーラ。標高は529mと高いところにあるその風景はタオルミーナに向かう高速道路からも見えます。BS日テレの人気番組「小さな村の物語」に登場したことでも有名で、イタリアのもっとも美しい村協会（I borghi più belli d'Italia）にも認定されています。

村の歴史は、紀元前のギリシャ時代以前に遡り、タオルミーナの街の防衛目的で発展していったと言われています。村の位置の高さによって周辺360度を見わたせることから、上から敵の侵攻を見張っていたとか。村の上部には、ノルマン時代の城壁の一部が現在も残されています。

現在は人口約1,050人（2022年9月）の小さな村ですが、タオルミーナの影響もあり、観光地としての知名度も高くなってきています。みやげ屋も増え、バーや飲食店も夏の間はとくににぎわっています。なんと言っても、魅力はまわりに広がる絶景！

上から／村の入り口にあるサンタントニオ広場には、中世のモーラ門が残る。／中心から城壁の遺跡がある場所までは長い階段を上る。／大聖堂横の広場付近には、飲食店のテーブルがたくさん並ぶ。

🚌タオルミーナ中心部のメッシーノ門を、メッシーナ門を背に少し下ったInterbus社のバス停から、カステルモーラ行き(Interbus社)で約15分、片道€1.9、往復€3(1時間に1本)

◎City By See(観光バス)に乗ればイヤホンのガイドつき(イタリア語、英語、スペイン語、フランス語、ドイツ語、ロシア語)でタオルミーナや周辺スポットを観光できる。レッドライン(Linea Rossa)(ジャルディーニ=ナクソス〜タオルミーナのビーチスポット〜レトヤンニ)+ブルーライン(Linea Blu)(タオルミーナ〜カステルモーラ)があり、1日乗り放題で€20(5〜10歳は€15)。
🌐 www.citybysee.com

カステルモーラの城壁付近から見下ろすタオルミーナの街。

# siracusa
シラクーサ

## 風光明媚な世界遺産の町

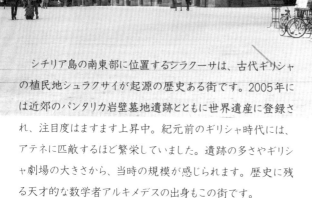

シチリア島の南東部に位置するシラクーサは、古代ギリシャの植民地シュラクサイが起源の歴史ある街です。2005年には近郊のパンタリカ岩壁墓地遺跡とともに世界遺産に登録され、注目度はますます上昇中。紀元前のギリシャ時代には、アテネに匹敵するほど繁栄していました。遺跡の多さやギリシャ劇場の大きさから、当時の規模が感じられます。歴史に残る天才的な数学者アルキメデスの出身もこの街です。

広場の端にあるのはサンタ・ルチア・アッラ・バディア教会。

シラクーサは、大きな橋を挟んで新市街と旧市街に分かれますが、旧市街にあたるのがオルティージャ島。本土と橋でつながった小さな島で、散策が楽しいエリアです。まわりを青い海に囲まれた風光明媚なこの島は、おいしい魚介のレストランも多く、シラクーサ観光の中心。島の入り口にはギリシャ時代のアポロ神殿があり、そのすぐ横には、日曜日を除いて毎日マーケットが出店します。メインは食材で、服や雑貨の店もあり、規模はそれほど大きくないのですが、とてもにぎやか。シラクーサっ子にまじって楽しんでみて!

アルテミスの噴水。妖精アレトゥーサが彼女に恋した川の神アルフェオスから逃げ惑う様子が表されている。

シラクーサの大聖堂（ドゥオーモ）は、ギリシャ神殿が改装された教会です。現在はバロック様式のファサードが印象的な、優雅な佇まい。その前のドゥオーモ広場は夜遅くまで活気があります。この広場は、シチリア島のなかでもその美しさが有名で、『ニュー・シネマ・パラダイス』(1989年)の映画監督としても著名なジュゼッペ・トルナトーレ監督のもうひとつの代表作『マレーナ』(2000年)のロケ地としても知られています(P.79参照)。

　一方、新市街にはネアポリス考古学公園があり、内部にはギリシャ劇場、ローマ時代の闘技場といった歴史を感じさせる遺跡があります。とくに天国の石切り場のなかにある、高さ23mを誇る巨大な入り口が特徴の洞窟ディオニシオスの耳は必見。外からでもなかにいる人たちの声が響くこの洞窟は、かつてシラクーサを占領していた帝王ディオニシオスが敵国の囚人を閉じ込め、企みやヒソヒソ話を盗み聞きしていたという伝説も。

　シラクーサはパピルスの保護地としても知られています。古代エジプトで紙の原料として使われており、現在もパピルスが生息するのはエジプトとシラクーサのみだそう。そのため、シラクーサのあちこちのショップでパピルス紙を使った絵やしおりなどを見かけます。ちょっとしたおみやげにいかが？

上から／守護聖女ルチアを祀るシラクーサのドゥオーモ。／1世紀半ば頃に完成したローマ時代の闘技場は、近年修復が行われた。／「ディオニシオスの耳」という名前は、画家のカラヴァッジョが呼んだのがきっかけ。

海に向かって沈んでいく夕陽がなんとも美しい。

🚌 パレルモの中央駅横のバスターミナルから、Interbus社の直通バスで3時間20分、片道€15.2（1日2〜3本）

紀元前時代、人々は自然の地形を利用した要塞をつくり、防衛を目的にここで暮らしていた。

シラクーサ近郊の自然に浸る世界遺産
# Necropoli Rupestri di Pantalica
パンタリカ岩壁墓地遺跡

岩壁に残る古墳群。これらはネクロポリスと呼ばれる。

　　シラクーサの街の郊外、西に向かって約50kmの場所に位置する自然保護地区パンタリカには、岩壁墓地遺跡が広がっています。

　　岩肌に小さい穴がたくさん見られるのは、紀元前13世紀から紀元前7世紀にかけてつくられた数多くの古墳や洞窟住居跡。敷地内には川が流れていたり、洞窟があったりとアウトドアも楽しめるので、歴史に興味にある人だけでなく、都会の喧騒から離れて自然にどっぷりと浸りたい人にもおすすめです。

　　空気が非常に澄んでいて、野生の鳥の鳴き声や川の音が静かに聞こえます。川をわたる際には、足を踏み外さないように注意しながら石から石へわたり歩いたりすると、アスレチック気分が味わえます。歩きやすい

靴、動きやすい格好は必須です。また、なかはかなり広いので、ガイドと一緒に訪れたほうがいいと思います。

2005年にユネスコより、「シラクーサとパンタリカ岩壁墓地遺跡」として世界遺産に登録されています。

MAP♥P.5

渓谷内にはアナポ川とカルチナラ川の2つの川が流れている。

上・ヤナギ、黒ポプラ、シデ、カシなどあらゆる木々が茂る。／下・小さい穴は埋葬のために掘られたもので、パンタリカ内に全部で5000以上の墓地が残されている。

## 映画『マレーナ』のロケ地、シラクーサ＆ノート

シラクーサを訪れる前に観たほうがいっそう滞在が楽しめる映画として、私は『マレーナ』をおすすめします。主演はイタリア男子の憧れ、モニカ・ベルッチ(Monica Bellucci)。マレーナは街中の男が憧れる美貌を持った女性で、彼女に恋する少年の視点で物語は進行していきます。第2次世界大戦真っただ中、彼女へのピュアな恋心を通して、マレーナの切ない半生と彼自身の成長を描いた物語です。

シラクーサの住民のなかには、映画の撮影が行われた2000年、エキストラとして撮影に参加した人も多数。友人の女性は、戦後の物資が足りない時期を表すために、黒めの服とノーメイクで出演したのだとか。ノーメイクなのは、モニカの美しさをより引き立てるためでもあったのだそう。そんなことをしなくても彼女の美しさは際立っていたそうですが……。印象的なロケ地はドゥオーモ広場ですが、撮影はシラクーサのオルティージャ島と、南へ30分ほどの近郊の街、ノート(Noto)でも行われました。

1693年にシチリア南東部を襲った大地震の後、全壊した街を捨て、当時流行していた後期バロック様式で今ある場所に新しい街を建て直したのがノートです。街のメインストリートである、コルソ・ヴィットリオ・エマヌエーレ(Corso Vittorio Emanuele)と街の入り口の門ポルタ・レアーレ(Porta Reale)は、映画ファンならすぐに分かるでしょう。そのほかにも街中や郊外にロケ地は点在しているので、散策しながら探してみては？

両シチリア王のフェルディナンド2世の来訪を記念して建てられたポルタ・レアーレ。

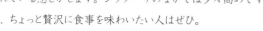
落ち着いた雰囲気の店内。

# 洗練されたシラクーサ料理ならこの店
## *Don Camillo* ドン・カミッロ

　シラクーサいちの有名店といっても過言ではないのが、ここドン・カミッロ。どこか隠れ家のような落ち着いた雰囲気で食事ができます。店の奥には大きなワインセラーもあり、ワインリストはまるで百科事典のような分厚さ！専属ソムリエに料理に合ったワインをすすめてもらうのもいいでしょう。

　もっとも人気の料理は、セイレーンのスパゲッティ(Spaghettii delle Sirene con Gamberi e Ricci、€30)で、小エビとウニの絶妙なハーモニー。疲れたお腹にやさしい、アーモンドのポタージュとイカ墨の衣で包まれたカリカリ海老（€20）という変わった一品もおすすめ。グリッシーニからすべて手づくりのパンも絶品です！

　この店の料理は、すべてにシチリアの大地の食文化が凝縮されている感じがします。シラクーサのなかでは少々高めですが、ちょっと贅沢に食事を味わいたい人はぜひ。

上・豪快な一品！プリプリの魚介がたっぷり。／下・ロールの中身はエビでポイントはウニのソース(€35)。

Via delle Maestranze, 96, Siracusa／☎0931-67133
🌐 www.ristorantedoncamillosiracusa.it／✉ info@ristorantedoncamillo.it
🕐12:30〜14:30、20:00〜22:30、日曜祝日休／MAP 📍P.13[B-2]

デザートの盛り合わせ。いろいろ試せるのがうれしい。

イタリアン風の極上フレンチを味わう

# Le Vin de L'assassin Bistrot

ル・ヴァン・ドゥ・アッサシン・ビストロ

左・甘いエビとリコッタチーズのハーモニーが最高！／右・オルティージャ島のメインストリート、ローマ通りに位置する。

オルティージャ島のメインストリートのひとつ、ローマ通りに位置するシックなレストラン。ここでは、イタリアン・フレンチが融合された見た目も華やかな料理が楽しめます。イタリアンはとってもおいしいけど、ちょっと雰囲気を変えたい、という人にはおすすめ。フォアグラを使ったりクレープにしたりなど、フレンチの定番料理やアレンジ料理も。

メニューはイタリア語で黒板に記されていますが、英語メニューもあり、店員は英語も話すので安心です。

いちおしは、赤エビとリコッタのクロストーネ（€16）と刺身風自家製サーモン（€15.5）。デザートもすべて手づくり。飲みもの代別でだいたい1人€35〜40程度とシラクーサではやや高めですが、それだけの価値は十分にアリです。

店は道に面したテラス席と店内のほか、ここ中庭にもテーブルがある。

左・新鮮な魚介の盛り合わせは3種類。日替わりで楽しめる。／右・濃厚なチョコレートケーキにはホイップクリームを添えて。

Via Roma, 115, Ortigia Siracusa／☎0931-66159
🌐 levindelassassin.eatbu.com／✉ levindelassassin@gmail.com
🕐 19:00〜24:00、無休、日曜のみランチ12:00〜15:00も営業
MAP 📍P.13［B-2］

## シチリア料理はもちろん和食も絶品!
# La Cambusa
ラ・カンブーサ

17世紀の建物を改装したレストラン。天井のアーチが素敵。

イチオシメニューの魚介類の前菜の盛り合わせは日替わり。いろいろ味わえてうれしい。

左・手長エビとチェリートマトの入ったパスタ。ミントを添えて。／右・海外旅行中でもどうしても食べたくなってしまう和食。

シラクーサ在住の日本人女性がイタリア人の旦那さんとはじめた、シチリア料理と和食の両方が味わえるという観光客には夢のようなレストラン。シラクーサのオルティージャ島の海沿いに位置するので、窓際の席なら、夏の夕暮れ時には海に溶け込んでいく夕日と美食が楽しめます。

メニューに日本語があるのも安心。余裕がある時には、奥さんが注文を取りに来てくれるので、料理やワインの詳しい内容も日本語で聞けるのはうれしいポイント。毎朝仕入れた新鮮な魚でつくられる料理は絶品! 私のおすすめは魚介類の前菜の盛り合わせ(€12)やタコとバジルペーストのオレンジ風味のタリアテッレ(€12)。寿司(€8)や刺身(€13)、イカと海老のシーフードカレー(€13)など日本の味が恋しくなっている人はぜひ!

オルティージャからながめるシービュー! 時には巨大なヨットが停泊していることも。

Passeggio Adorno, 9, Siracusa
393-5936445(イタリア語または英語)、334-372235(日本語可)
www.lacambusa-siracusa.it
19:30~22:30、無休、1月~2月冬季休暇／MAP P.13[B-2]

行きつけの地元客が多く、店員たちとも仲がよさそう。

気軽にピッツァやハンバーガーを

# Schiticchio Pizzeria

スキティッキオ・ピッツェリア

オルティージャ島の中心部にある、本場ナポリ風のピッツァが楽しめる店。ほかにも地元の食材をたっぷり使ったハンバーガーやサラダなども人気。石造りの洞窟にいるような夏でもひんやりとしたレストラン内は、入り口正面にバーのカウンター風のスペースもあったりと、若者が日々集う人気スポット。

ウェイターたちもきびきびと動き、接客も気持ちがいいです。入り口近くには、その日のおすすめメニュー（本物の食材を使ったサンプル）がディスプレイされています。手づくりポテトフライがバケツ風の入れもので出てきたりと、オシャレ感と遊び心満載。シチリア産の牛肉、赤玉ネギ、ネブロディー山脈の黒豚ベーコン、トマト、プローヴォラチーズ、バーベキューソースが入ったチーズベーコン・バーガーはボリュームたっぷり!

皮がモチモチした
ナポリ風ピッツァは絶品!

Via Cavour, 30, Siracusa／☎331-3343721
🕐12:00～15:00、19:00～23:00、水曜休
MAP📍P.13[B-2]

85

上・もちもちのパスタメニューは魚介類が中心。
／下・マグロの黒胡麻焼き、玉ねぎの甘酢添え。

Via Cavour, 28, Siracusa
📞392-4610889
🌐 www.siciliaintavola.eu/
🕐13:00〜14:30、19:30〜22:30、月曜休
※夏季（7月と8月）はディナーのみの営業となる
可能性あり。
MAP📍P.13[B-2]

# 人気のカジュアル魚介トラットリア
## *Sicilia in Tavola*
シチリア・イン・ターヴォラ

　地元っ子からの評判も高いトラットリア。毎日オーナーのペッペさん自らが魚市場へ向かい、新鮮な魚介を仕入れています。食材はすべて地産地消にこだわって選ばれており、仕入れの量や値段によって料金も変動。店内の黒板に記される日替わりメニューも。パスタは手打ちの生麺のみで、独特のモチモチした食感がたまりません。

　カジュアルな雰囲気なので、ひとりでも気軽に食事が楽しめます。できるだけたくさんのお客さんを迎えたいことから、10人以上の団体は受け入れないのがポリシー。でも人気店なので常に店内はいっぱい！混み合う時間を避けて行くか、事前に予約をするのが無難です。

　人気メニューのひとつ、温製海鮮サラダはローカル産の魚介類がたっぷり。小エビのフェットゥチーネも食欲をそそります。

赤エビとブッラータチーズの上に
カラスミがかけられている贅沢な
一品。

地元客にも大人気の店。

水色のパッケージは、
アーモンドの香り。

## ボディケアブランドOrtigiaの直営店
# ORTIGIA
オルティージャ

　シチリア生まれのボディケア・フレグランスのブランド、オルティージャ（Ortigia）の商品が買える、シラクーサで唯一の店。日本でも取り扱っている店はありますが、こちらではより安く、すべての香りの取り扱いがあるので、要チェック。

　シチリア産のレモン、オレンジ、ザクロ、サボテンの実などのエッセンスを使用したボディソープ、石鹸、ハンドクリーム、キャンドルなどが、かわいらしいパッケージで並んでいます。

　なかでも人気なのは石鹸（バラ売りは1つ€8〜）で、手を洗った後に残る香りが素晴らしいとおみやげにも大好評！ いろいろな香りが詰め合わされたセットパッケージもあるので、大切な人へのプレゼントにぜひ。ボディケア商品のほか、独特なデザインがおしゃれな同ブランドのスカーフや水着も。

上・石鹸の詰め合わせは€60〜。パッケージにはシチリア伝統荷車も。／下・Ortigiaブランドのシルクやカシミアのスカーフも並ぶ。

Via Roma, 21, Siracusa／☎0931-461365／🌐www.ortigiasicilia.com
🕐10:00〜13:00、16:00〜20:00（季節により変動あり）、無休
MAP 📍P.13[B-2]

ボディソープもキャンドルもデザイン性が高く、華やかな空間。

## アイデア満載のポップなイタリア雑貨

### *Tamì* タミ

たくさんのお店やレストランが並ぶカヴール通りに面している。

たくさんのショップが並ぶカヴール通りでもひと際目立つこの店は、カラフルなインテリアショップかと思いきや、それだけではないんです。実は今イタリアでも流行りのコンセプトストア。すべてにアイデアやコンセプトが含まれた商品が販売されています。

店舗はこの通りに2店あり、ひとつはシチリアらしいおみやげを中心にインテリアグッズやシチリアの食材などを販売している店。もう1店は時計や帽子、Tシャツなどのアパレルがメインのコンセプトストアとなっています。カラフルなイタリアの小物で家のインテリアを素敵に飾ってみてはいかが？ 友達への特別なおみやげもたくさん見つかるでしょう。カラフルでおしゃれなキッチン用品もおすすめ。マグカップ（€18.50）は箱もおしゃれ。ランチョンマット（€12〜）はお料理好きな人に。

上・カラフルなテーブルクロスやパン入れなど、食卓がはなやかになりそう。／下・コースターや鍋敷きに使えるタイルは€3,5〜。

Via Cavour, 27, Siracusa
※ファッションやアクセサリーがメインのコンセプトストアはVia Cavour, 14, Siracusa
📞0931-095391／⊕ www.tamishop.com/it/homepage
🕙10:00〜13:30、17:00〜21:30（夏季のみ）、冬季は20時頃閉店、無休
MAP 📍P.13［B-2］

店内にはかわいらしいインテリアグッズやキッチン用品が揃う。

上・イニシャル入りのマグカップ。／下・シチリアのシンボルでもあるサボテンがモチーフになっている。

左・外皮をむいたパピルスを水につけ、奥の太い麺棒で繊維をつぶす。／右・シラクーサの街角が描かれたシリーズ。

ポストカードはおみやげにも。

## パピルス紙の絵画専門ギャラリー
# Galleria Bellomo

ガッレリア・ベッローモ

　ヨーロッパで唯一、パピルスが自生するシラクーサ。パピルスが生い茂るアレトゥーサの泉から徒歩1分の場所にある小さなギャラリーでは、パピルスからつくり出した紙に絵を描いた雑貨を売っています。

　紙の製法は、古代ローマの文書に記載されていたものと同じ伝統的なもの。ギャラリー責任者のフラーヴィアさんは、義理のお父さんから直接紙づくりとそこに手描きで絵を入れる技術を教わり、このギャラリーを受け継ぎました。シラクーサでは知らない人はいないほどの有名人で、パピルス紙の専門家として講演も行っています。

　絵はシラクーサの街角や風景画のほか、宗教やシチリア関連のものが多め。絵だけ購入して、日本で絵に合う額縁を選ぶのも楽しいかも。かわいらしいポストカードやしおり（€8〜）など、手軽に購入できる小物もおすすめ。

左・地図は大きさによって€10〜。／右・しおりはどれも€8で、選ぶのに迷ってしまうほど。

Via Capodieci, 47, Siracusa／📞333-4585504（携帯）
🕐10:30〜19:00（3月1日〜11月10日）、日曜休 ※上記以外の期間は午前中のみ／MAP📍P.13[B-2]

## シチリアの伝統みやげ

ここでは、シチリア島でしか見つけられない、
おすすめのおみやげをご紹介します！

シチリアらしく、レモンなどが飾りはめられているものも。

色や顔のデザインによってかなり印象が変わるのもおもしろい。

## シチリア島のシンボル
# *Trinacria*
【トリナクリア】

　シチリアのあちこちのみやげ屋で見かける、言わずと知れたシチリア島のシンボル。3本足がちょっとリアルで気持ち悪い……と思われるかもしれませんが、慣れるとなかなか愛嬌があるもの。トリナクリアとは、ギリシャ語で「3本足」の意味。シチリア島のメッシーナ、マルサラ、パキーノの3つの岬を表し、島の形をかたどっています。中央の顔は、その目を見たものは石像に変えられるというギリシャ神話に登場する恐ろしいメデューサですが、シチリアの旗に描かれるトリナクリアのメデューサの頭には、蛇ではなく麦の穂が編みこまれています。これはメデューサがシチリア島の豊かな大地の女神であることを示していると言われています。

　一方で、シチリア島に伝わる別のギリシャ神話が由来という説も。それは、シチリアにはもともと太陽神ヘリオスが住んでいたことから、このトリナクリアの顔は太陽、3本の足は元来4本で四季を表していたが、温暖な気候で冬がないと言われているシチリアにならい、3本になったという説。

　このトリナクリアをかたどった陶器、キーホルダー、マグネットなども多く、家に飾ればシチリアにいるような雰囲気が出るはず!? 私が昔ハウスシェアをしていたシチリア人の友人は、部屋の前にトリナクリアが描かれたシチリアの旗を飾っていました。それほど、シチリア人にとっては大切な存在なのです。

メデューサの頭に麦の穂が編み込まれた、シチリアの旗。
©Siculodoc | Dreamstime.com

## 色あざやかな飾り荷車

# *Carretto Siciliano*

【カレット・シチリアーノ】

完璧にミニチュアで再現された荷車。馬も派手に飾りつけられる。

シチリア島の伝統的な飾り荷車。とても細かい絵などの装飾が特徴で、ひとつくるのには、本当にたくさんの職人が携わっていました。昔はこれら職人たちにとって、仕事をもらえることから非常に重要な存在でした。18世紀には貴族が人や物を運搬するのに使われており、19世紀には一般的にも普及していたと言われています。現在は、お祭りやイベントの際に登場したり、伝統的な施設の展示として使われています。

このカレット・シチリアーノのミニチュアがみやげ品としてあちこちで販売されています。色使いがカラフルでかわいらしいので、子どもにもよろこばれそう!

大きさや装飾の細かさによっても値段は異なる。この店では€9.5〜。

## 中世の騎士物語の人形

# *Pupi* 【プーピ】

人形ごとに顔も異なり、装飾はかなり細かい。

シチリア発祥のマリオネット人形。このプーピを使ってシチリアの伝説と歴史を伝えてきた人形劇「オペラ・デイ・プーピ」(19世紀はじめに誕生)は、2001年にユネスコの無形文化遺産にも登録されています。上演されるのは騎士たちの戦いの物語。お姫様も登場し、恋愛要素あり、笑いのシーンもありと、まだ映画が普及していない時代は、人々はこの劇に夢中になっていたものです。

実際に劇で使用されるものは、1m以上の大きさでかなりリアルなもの。みやげ屋に売っているのは、20cmくらいの小ぶりなものから、大きい本格的なものまでいろいろ。小さくてもきちんと甲冑をまとい、武器も身につけています。

昔の貴族の邸宅を想わせるアンティークで豪華な内装。

## 歴史的な建築物を改装した素敵ホテル
# Charme Hotel Henry's House
チャーム・ホテル・ヘンリーズ・ハウス

　ドゥオーモから徒歩5分、マニアーチェ城からは3分の場所に
ある、アンティークなインテリアが特徴の4ツ星ホテル。建物は
1800年代、家具はすべて17～20世紀に、実際に使用されてい
たものを修復したオリジナル。

　スタッフはとてもフレンドリーでサービスも申し分なし。朝食は、
ハムやチーズ、卵のほか、手づくりのキッシュや、シチリア名物ス
イーツのカンノーロまで、悩ましいほどにバリエーション豊かなメ
ニューです。天気のいい日は海が見わたせるテラスで楽しめます。

　シービューやバスタブつきの部屋を希望する場合は予約時に
指定しましょう。

Via Castello Maniace, 68, Siracusa／📞0931-21361
🌐 www.hotelhenryshouse.com
🛏 シングル（ダブルのシングルユーズ）、またはツイン、
またはダブル：€180～（朝食付き）／全14室
MAP 📍P.13[B-2]

上・歴史ある建物をそのまま利
用しているので、階段の移動も
絶景を楽しみながら。／下・当
時のアンティーク感を残しなが
ら、見事に改装された部屋。

ブラッディオレンジの搾りたてジュー
スなど朝食の満足度は高め。

外からの光が明るく降り注ぐ室内。

## 落ち着いた雰囲気の5ツ星ブティックホテル
# Caportigia Boutique Hotel
カポオルティージャ・ブティック・ホテル

　シラクーサの中心、オルティージャ島まで徒歩10分ほどの場所にあり、観光を楽しみたい人にも、ホテルでのんびりしたい人にもおすすめ。

　部屋数も14と多すぎないこともあり、一流ホテルの行き届いたサービスが自慢となっています。ホテルのインテリアはエレガントで落ち着ける雰囲気。バスルームにあるアメニティは、一流ボディケアブランドのORTIGIAで統一されているのもうれしいです。

　ホテルにはレストランil Tirannoも併設されており、ここが朝食会場に。夕食時には美食を堪能できます。デラックス・ジャグジーという部屋はテラスにジャグジーがついています。シラクーサで特別な滞在をしたい人はぜひここへ！

モダンでエレガントなインテリア。ゆっくり滞在できます。

ジャグジーつきの部屋でリラックス！

レストランで味わえるイカのリピエノはシチリアの定番料理のひとつ。クリエイティブにアレンジされています。

Viale Montedoro, 76, Siracusa ／ 📞 0931-580576 ／ 🌐 www.hotelcaportigia.com
🛏 ダブルまたはツイン €130〜（朝食付き）／全14室／MAP 📍 P.13［A-2］

レジデンスで
暮らすように滞在する

## Arco Antico Residence

アルコ・アンティーコ・レジデンス

　キッチンつきのアパート風レジデンスで、シラクーサに暮らすように滞在できます。各部屋はキッチンつきのダイニングとベッドスペース、バスルームで構成されており、スーパーマーケットで買い出しして自炊するのも楽しそう。Wi-Fi完備、鍋やフライパンなども揃っています。ファミリー用に広めのタイプもあるので長期滞在にも便利!

上・ちょっとしたシチリア暮らしが満喫できるシンプルな部屋。／右・コンパクトで清潔なバスルーム。

寝室には収納も充実しており、ベッドも快適。

Ronco Corso Matteotti, 4, Siracusa／📞0931-445185
🌐 www.residencearcoantico.it
🛏 全8室／1室€65〜／MAP 📍P.13[B-2]

バロックの中心、ノートに泊まるなら

## Q92 Noto Hotel

キュー・ノヴァンタドゥエ・ノート・ホテル

　貴族のお屋敷を改装し、2021年にオープンしたノートの大聖堂のすぐ近くにあるエレガントなホテル。洗練された雰囲気のインテリアは優雅な気分を演出してくれます。ホテルのバルコニーからは大聖堂をはじめバロックの街並みが楽しめます。シチリアの特産物が中心の朝食は大聖堂が目の前に見えるテラスで。

洗練されたインテリアに囲まれてくつろげる。

ホテルのロビーはまるで博物館のよう。

映画「マレーナ」のロケ地・ノート(P.79)のバロック街にあるホテル。

Ronco Bernardo Leanti 4-5, Noto
📞0931-967461／🌐 www.q92notohotel.com
🛏 要問い合わせ(予約状況とシーズンにより異なる)／全9室／MAP 📍P.5

visite n cantina

ワイナリーをたずねて

# シチリアで
# ワインを楽しむ

シチリアは、イタリア20州のなかでワインの生産量で常に上位に入るワインの産地です。地中海のど真ん中に位置し、典型的な地中海性気候。夏の気温は40度近くまでになることもありますが、基本的にはブドウ栽培にとても適しているとされます。そのため、この土地では紀元前からワインが造られてきました。

そんな理由でシチリアのワインは安くておいしいシンプルなものでした。しかし、近年シチリアの多様な土地性や特徴に着目したワイン醸造家達によって注目を浴び、シチリア産の多くのワインが、「ガンベロ・ロッソ (Gambero Rosso)」(イタリアのグルメ評価本)でも高い評価を受けるようになりました。

土着の品種はもちろん、シャルドネやメルローといった国際品種もシチリアで生産されるようになっています。シチリア産のこれらのブドウを使ったワインも、ぜひ味わっていただきたいです。同じ品種でもやはり気候や土地が違えば全く違うワインに仕上がる、ということを実感できると思います。

シチリアの郷土料理に合うのは、やっぱりワイン。「どんなワインを合わせたらいいかわからない!」という場合は、好みや予算を伝えた上で、店の人におすすめを聞いてみて。

# シチリア産ワインのブドウ品種別チャート

シチリアでワイン醸造やマーケティングに長年携わった、シチリアワインのスペシャリスト、ナンシー・アストーネ（Nancy Astone）さんが、シチリア産のブドウ品種（土着品種と国際品種両方）をチャートにしてくれました。ブドウの味の傾向が分かれば、ワインを探す際、ラベル（エチケット）に表示されているブドウの品種から味の見当がつくはず！ 例えば、ネーロ・ターヴォラ60％とノチェーラ40％の場合、重めで個性豊かな味かつ、果実味と渋さがバランスよく合わさっている仕上がりです。

シチリアワインのスペシャリスト、ナンシーさん。

**Bold**

**Nocera**
（ノチェーラ）

**Syrah**
（シラー）

**Nero D'Avola**
（ネーロ・ダーヴォラ）

**Malvasia**
（マルヴァジア）

**Fruity**

**Nerello Mascalese**
（ネレッロ・マスカレーゼ）

**Earthy**

**Chardonnay**
（シャルドネ）

**Catarratto**
カタラット

**Grillo**
グリッロ

**Grecanico**
（グレカニコ）

**Inzolia**
（インツォリア）

**Light**

【チャートの見方】

| | |
|---|---|
| 横軸 | **Fruity**（フルーティ）：さわやかで果実味のある味<br>**Earthy**（アーシィ）：土っぽい、力強く渋め |
| 縦軸 | **Bold**（ボールド）：重めで個性際立つ味わい<br>**Light**（ライト）：軽くて飲みやすい |

# シチリアワインの土着品種ブドウ

シチリアには多くの土着品種のブドウがあります。国際品種にくらべ、
まだまだ知名度は低めですが、ここで主なシチリア土着品種をご紹介します。

 *Vino bianco*
【白ワイン】

### *Zibibbo* ジビッボ

アラビア語のザビーブ（干しブドウ）が由来。
列名モスカート（イタリア語で「マスカット」）・ディ・アレッサンドリア種とも。シチリア産のものは、
限定してジビッボと呼ばれることが多い。もともと
は、北アフリカのエジプト近辺原産とされる歴史
のある品種だそう。ジビッボからは、パッシートと
呼ばれるデザートワインが造られることが多いが、
フルーティな白ワインもおすすめ。

【シチリア島内での主な原産地】パンテレッリア島

【おすすめワイン】Ben Ryé（Donnafugata社）

### *Catarratto* カタラット

シチリア島の広い地域で栽培されている白ブドウの品種だが、もっとも生産量が多いのは西海岸のトラーパニ県内。特徴は、強い酸味と新鮮なアロマの香り。伝統的な品種だが、近年はシャルドネなど国際品種のシチリア島での生産量が多くなったことにより生産量が減少傾向。純種は食前にも飲めるような、さわやかで飲みやすい白ワイン。ブレンドにされる場合は、インゾリアやカリカンテと合わせられる場合が多い。

【シチリア島内での主な原産地】トラーパニ県

【おすすめワイン】Catarratto（Tasca d'Almerita社）

### *Grillo* グリッロ

原産はプーリア州（イタリア
半島のかかと部分）と言われ
る品種。19世紀に害虫が広が
ったことが原因で、栽培地は
シチリア島へ。スッキリとした
辛口の白ワインに仕上がること
が多い。フレッシュな味わいと
フルーティな香りが特徴。マル
サラワインを造るのに使われ
る品種としても有名。

【シチリア島内での主な原産地】
トラーパニ県

【おすすめワイン】
Grappoli del Grillo
（Marco De Bartoli社）

### *Inzolia*(Insolia)
インゾリア

とてもフルーティかつ花のよ
うな香りとやわらかく口当たりの
いい酸味が特徴。とても飲み
やすいワインに仕上がる。純種
ではなく、シャルドネやソービニ
ヨン・ブランなどの国際品種と
ブレンドして造られる場合も。

【シチリア島内での主な原産地】
シチリア州全土

【おすすめワイン】
Terre di Sicilia Inzolia
（Cambria社）

### *Minnella*
ミンネッラ

形が少し乳房に似ているこ
とから、マンメッラ（イタリア語
で「乳房」の意味）が由来と
言われるブドウ。とくにエトナ
山付近で生産され、純種でワ
インにされることはほとんどな
い。もうひとつのエトナの土着
品種であるカリカンテとブレン
ドされる場合が多い。

【シチリア島内での主な原産地】
エトナ山麓

【おすすめワイン】
Minnella（Benanti社）

96

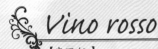

エトナの土着品種
ネレッロ・マスカレー
ゼ。収穫は毎年
10月初旬頃。

# Vino rosso

【赤ワイン】

## Nero d'Avola
ネーロ・ダーヴォラ

シチリア南東部に位置するアーヴォラ地域の黒ブドウを意味する、シチリア島の赤ワインの品種の代表格。現在はアーヴォラに限らず、シチリア全土で生産。名前のとおり色が濃く、しっかりと力強いタイプのワインに仕上がる。昔はアルコール度数の足りないワインにブレンドするための品種としても使われていた。近年はこの品種をメイン、あるいは純種で造られた高品質のワインも増えている。

【シチリア島内での主な原産地】シチリア東部

【おすすめワイン】Santa Cecilia（Planeta社）

## Nerello Mascalese
ネレッロ・マスカレーゼ

活火山エトナの土着の品種。標高350〜1000m付近で生産され、火山灰の混ざった土壌で育ち、ミネラルたっぷりのワインに仕上がる。この品種のワインの色は明るめの赤色。「シチリアのピノ・ノワール」と表現する人も。フレッシュな果実味が特徴で、赤ワインが苦手な人にもおすすめ。近年はこのブドウから白ワインやスプマンテ（イタリアのシャンパン的存在）も造られている。エトナ山のDOCワイン、エトナ・ロッソのメインの品種。

【シチリア島内での主な原産地】エトナ山北側斜面

【おすすめワイン】Passorosso（Passopisciaro社）

## Nerello Cappuccio
ネレッロ・カップッチョ

カップッチョとはイタリア語で「マント」の意味。マントのような葉がブドウの房を覆い守っている形から由来していると言われている。エトナロッソDOCと呼ばれるワインでは、ネレッロ・マスカレーゼとブレンドされることが多い。ネレッロ・カップッチョから得られるワインは、ほぼ紫色の色調の力強い赤ワイン。バラエティ豊かで、いい意味で複雑な香りを持つのが特徴。

【シチリア島内での主な原産地】エトナ山北側斜面

【おすすめワイン】Nerello Cappuccio（Benanti社）

## Frappato
フラッパート

シチリア南部のラグーサの郊外にあるヴィットリア地域でのみ生産される黒ブドウ。チェラスオーロ・ディ・ヴィットリアという、シチリア島唯一のDOCG（ワイン原産地統制保証名称）に使われる品種で、チェリーのような風味が特徴。タンニンは程よい感じで、非常にエレガントでバランスのいいワインとなる。

【シチリア島内での主な原産地】
ラグーサ郊外ヴィットリア

【おすすめワイン】Frappato（Arianna Occhipinti社）

左・ブドウの収穫は毎年10月初旬から手摘みで行われる。／右・白と赤のワインを数種類と、デザート用のワインも試飲できる。

上・アミューズや前菜なども含めて見た目も楽しめる料理が多いところも魅力的。／左・白身魚のフライ。ワインが進みます。

# 料理とワインのマリアージュを楽しむ
## Barone di Villagrande
バローネ・ディ・ヴィッラグランデ

Via del Bosco, 25, Milo／📞095-7082175
🌐 www.villagrande.it（ワイナリー）
🌐 www.wineresortvillagrande.it
（ワイン・リゾート）
✉ winetour@villagrande.it
◎ワイン・リゾートが開いている限りはワイナリー訪問可能。醸造施設訪問＆テイスティングも予約必須。
📍軽ランチ（5種類のフィンガーフード）＋テイスティング（デザートワイン含め5種類）€45、ランチのフルコース（5品）＋テイスティング（デザートワイン含め5種類）€65
🚗カターニア中心地から約45分
MAP📍P.13[C-2]

エトナ山の東側傾斜の麓のミロに位置する老舗ワイナリーのひとつ。1727年からワイン造りをはじめ、現在のオーナーで10代目。エトナの土着の品種と国際品種の両方を栽培している広々としたブドウの段々畑が、目の前に広がります。ここには、かつてエトナ近郊で使われていた巨大な栗の木の樽も。現在使われていませんが、栗の木のバリックは今でも赤ワインの熟成に使用されています。

事前に申し込むと、数種類のワインとともにおいしいランチ（前菜、パスタ、メイン、デザートなど）も。一つひとつの料理に合ったワインのテイスティングを楽しめます。メニューが変わるのは長期滞在者にもうれしいポイント。豚肉のオーブン焼きにプラムのジャムのソースが添えられたメインは極上で、赤ワインがすすみます。

また、ワイン・リゾート（宿泊施設）も併設されており、ワインと絶景をのんびり楽しみたい人におすすめ。

# フォーティ氏による完全自然派ワイン
## *I Vigneri*
### イ・ヴィニエーリ

カターニア近郊でブドウ栽培者によって1435年に組織された生産者組合「Maestranza dei Vigneri」を、約550年後にシチリアのワイン醸造家サルヴォ・フォーティ氏が、伝統的なワイン造りを復活・普及させることを目的に再建。その活動の一環として彼自身が責任者となってつくったワイナリーです。

ブドウの手入れはプロに任せてすべて手作業で行い、収穫ももちろんすべて手摘みなのは驚き。使うブドウは、赤はネレッロ・マスカレーゼやネレッロ・カップッチョ、白はカリカンテやミンネッラなど、エトナの土着品種がメイン。同じワインで同品種のブドウであっても、収穫年によってワインの味には違いが出るとか。

個人的には、アウローラ・デッレトナ (Aurora dell' Etna) という白ワインがおすすめ。エトナ土着のカリカンテ90％とミンネッラ10％のブレンドタイプで、ほどよい酸味とエトナの大地で育ったブドウのミネラルがしっかり感じられます。あまり飲めない人にも自信を持っておすすめします！

化学添加物一切不使用の完全自然派。翌日の頭痛を引き起こすこともないそう。

毎年9月の収穫祭では、足でブドウを潰す伝統的な製法も見学可能。

上・歌あり、音楽ありのシチリアらしい楽しいイベント。／下・各ワインのボトルのエチケットはシンプルでもこだわりが感じられる。

Palmento Caselle, Milo／📞366-662259
🌐 www.ivigneri.it
✉️ info@ivigneri.itまたはsimone@ivigneri.it
📍テイスティング数種類／€25〜（要予約）
🚗カターニアの中心地から45分
◎ブドウ畑とオフィスはエトナの北側のランダッツォ（Randazzo）方面にもある。醸造施設訪問＆テイスティングは要予約
MAP 📍P.13[C-2]

周りは見わたす限りがブドウ畑と壮大な景色。

## 超辛口のスプマンテをご賞味あれ
# Murgo Tenuta San Michele
ムルゴ・テヌータ・サン・ミケーレ

目の前にエトナ火山とその麓のブドウ畑が広がる絶景と、アグリツーリズモが人気の1860年創設のワイナリー。地元では「ワイナリー・ムルゴ」と呼ばれ、テヌータ・サン・ミケーレは地名。昔は、親戚や地元の人々、近郊のレストランなどのためにのみワインを造っていましたが、1981年から正式なワイナリーに。日本を含め海外にも輸出されていますが、ほとんどがシチリア島内で消費される地元で愛され続けるワインです。

エトナの土着品種、ネレッロ・マスカレーゼで造られたスプマンテは絶品。なかでも4年間酵母とともに熟成されたエクストラ・ブリュットは極上で、味わいもデリケート。

ラインナップはスプマンテ5種類、白ワイン3種類、ロゼ1種類、赤ワイン7種類、デザートワイン1種類、グラッパ1種類。赤ワインは、カベルネ・ソービニヨンなど国際品種のワインも。ワインのほか、オリーブオイルやパテ、ジャムなどもつくっています。これらは、ワイナリー内のショップで購入可能。

上・スプマンテの瓶口部分を冷却し、澱抜きをする作業を行っている。／下・ランチに出る、ヒヨコ豆と野菜のサラダ。味つけはマスタード。

収穫はすべて手摘みで行われるので、大変な重労働。

Via Zafferana, 13, Santa Venerina／☎095-950520
🌐 www.murgo.it／✉ info@murgo.it
◎醸造施設訪問＆テイスティング、ランチは要予約
🍷テイスティング5種類：€35（サラミやチーズ、手づくりパンとパテ、ジャムつき）／ランチフルコース＋テイスティング：€50（地元の食材をふんだんに使った前菜数種類と2種類のパスタ、メイン、デザート、コーヒー）
🚗カターニアから約40分／MAP 📍P.13[C-2]

## 日本にもファンの多いプラネタ
# *Planeta Sciara Nuova*
プラネタ・シャーラ・ヌオーヴァ

テイスティングルームやワインショップは昔の農家や醸造施設を改装したもの。

シチリア全土に350ha以上のブドウ畑を所有し、土着品種を使ったシチリアの伝統ワインとともに、シャルドネやメルローなどの国際品種のワインも高い評価を受けている大手ワイナリー。島内のサンブーカ・ディ・シチリア、メンフィ、ヴィットリア、ノート、エトナ、ミラッツォと異なる場所に所有するのは、土地それぞれの持つ独特の特徴に注目しているから。同じ品種でも土地が変われば全く異なるものになるのだそう。

ワイナリーとしての創業は1995年ですが、プラネタ家のワイン造りの歴史は300年代の約17代前から。2008年に新たに海抜800mの土地にブドウ畑を購入し、2012年にオープンしたエトナ山麓北側のフェウド・ディ・メッツォは、エトナのなかでもブドウの名産地。主にエトナの土着品種ネレッロ・マスカレーゼとカリカンテを生産。とくにカリカンテ100%で造られたカリカンテ（Carricante）は極上。

上・オリーブオイルも造っているので、ワインの試飲の後にこちらもテイスティング可能。／下・昔ワインの保存に使われていた木の樽をリサイクルして使っている。

Contrada Sciara Nuova, Passopisciaro - Castiglione di Sicilia／0925-1955465
www.planeta.it／winetour@planeta.it／◎醸造施設訪問＆テイスティングは要予約（サイトから直接予約&決済も可能）
テイスティング4種類＋オイル３種類＋おつまみ€55/テイスティング5種類+オイル3種類+軽ランチ€90
タオルミーナから約45分／MAP P.13［C-2］

醸造施設はエトナの溶岩石で造られている。

# かわいいデザインのエチケットが印象的

## Donnafugata
ドンナフガータ

シチリアのワイナリーのなかでも抜群の知名度を誇る老舗。創業は1983年。酒精強化ワインであるマルサラ・ワイン※の名産地で、普通のスティルワインをメインに造るワイナリーはかなりめずらしかったそう。

シチリアの中心、コンテッサ・エンテッリーナに約330ha、火山島パンテレッリア島に68ha、エトナやヴィットリアにも畑を所有。現在もシチリアの土着品種と国際品種の両方を使った多彩なワインを揃えています。

ドンナフガータとはイタリア語で「逃げた女」の意味。1800年代初期のナポレオン軍進軍の際に、ブルボン家のフェルディナンド4世の妻である女王マリア・カロリーナがナポリから逃げこんだのが、シチリア島コンテッサ・エンテッリーナの近く。人々は彼女の隠れていた家をドンナフガータの城と呼んでいたことが、社名の由来となっているそう。

※マルサラ・ワイン：18世紀の大航海時代、イギリスの商人ジョン・ウッドハウスがマルサラの町で出会ったローカルワインを自国に船で持ち帰ろうとアルコールを添加したのがはじまり。当時イギリスで流行していたポルトガルのポートワインにそっくりだったこともあり、イギリスで爆発的にヒット。商業的なマルサラ・ワインに焦点を当てた大手会社が参入しはじめたのは1970年代。

©W.Leonardi

キアランダは、唯一白ワインのなかでバリック内で熟成が行われる。

上・「樽の間」と呼ばれるテイスティングルームは、ワインセミナーなどが開催されることも。／下左・ヤシやレモンの木の茂るシチリアらしい広々とした中庭。／下右・エチケットの髪の長い女性が印象的。

Via Sebastiano Lipari, 18, Marsala／☎0923-724200
🌐 www.donnafugata.it／✉ info@donnafugata.it
🕐醸造施設内見学&テイスティング：11:00〜、13:00〜、16:00〜、17:00〜（冬期は16:30）〜、無休（4月〜10月）、日曜休（11月〜3月）
※パンテッレリア島、エトナ、ヴィットリア、コンテッサ・エンテッリーナでも施設見学&テイスティング可能
◎醸造施設訪問&テイスティングは要予約（サイトから直接予約可能）
🍷テイスティング4種類：€30、テイスティング4種類+おつまみ：€40、テイスティング5種類+軽ランチ€60
※ランチつきは13:00〜のみ予約可
👣マルサラ（Marsala）駅から徒歩約15分／MAP📍P.13[C-1]

左・先祖から受け継いだブドウ畑で、伝統的な手法で栽培される。／下・アルコールを添加せずに熟成させるヴェッキオ・サンペリ。

# 伝統を忘れず守り続けるワイナリー
## *Marco De Bartoli*
マルコ・デ・バルトリ

上・元カーレーサーの創業者マルコは、車への情熱と同じくらいワインに情熱を注いだ。／右・20年以上の熟成を経て完成する、ヴェッキオ・サンペリ。

　シチリア島西海岸マルサラ郊外の、伝統手法を重んじるワイナリー。マルサラ・ワインの大流行で、シチリアに古くから伝わってきたマルサラ酒と、伝統のワイン造りそのものが姿を消そうとしていた1970年代、先祖代々受け継がれてきたブドウ畑から「伝統をもう一度！」と立ち上がったのが、イタリア国内でも指折りのワイン醸造家マルコ・デ・バルトリ氏でした。2011年に66歳で逝去しましたが、現在はレナート、セバスティアーノ、ジュゼッピーナの子どもたちが後を継いでいます。

　アルコールを添加せず、伝統的なソレラシステムを使ってワインを熟成させていくことで造りあげるヴェッキオ・サンペリは、何十年ものワインがブレンドされ酸化熟成したもの。ほかにパンテッレリア島のジビッボで造ったパッシート（デザートワイン）や、マルサラのグリッロで造った白ワインなど、シチリアの大地の特徴を生かした極上のワインが生み出され続けています。

---

Contrada Fornara Samperi, 292, Marsala ／📞0923-962093
🌐 www.marcodebartoli.com ／✉ info@marcodebartoli.com
🕘9:00〜13:00、15:00〜18:00（金曜は〜17:00）、土日曜祝日休
◎醸造施設訪問（イタリア語か英語による説明つき）＆テイスティングは要予約
🍷テイスティング3種類：€20、5種類：€30
🚗マルサラ(Marsala)駅からタクシーで約20分
MAP 📍P.13[C-1]

農薬などは一切使わず、ワインはすべて自然な方法で造られる。

左・ワイナリーの建物の前には、ワイン用と食用のブドウ数種類が展示されている。／右・カンブリアでは、メッシーナの土着品種ノチェーラの生産に力を入れている。

## それぞれのワインに語られる物語
# *Cambria* カンブリア

　メッシーナ県フルナリ（Furnari）に位置する1864年創設のワイナリー。現在はカンブリア家4代目のフランコさん、ニーノさんの二人が中心となってワイン造りに情熱を燃やしています。伝統を重んじながらも最新の設備を常に導入。見学ツアーの前には、スライドショーで会社創設の歴史や造っているワインなどについて詳しく説明してくれるので、非常に勉強になります。

　シチリア島内でも、海抜高度や日射量、土壌の質などの関係から、メッシーナのこの周辺地区でしか栽培されていないノチェーラ（Nocera）という品種に強いこだわりを持っており、この品種100％の赤ワインがイチオシ。アルコール度数が高く酸味が強いのが特徴です。

　ワインのエチケット（ラベル）にはそれぞれ意味があり、そこに込められた物語を聞きながら味わうワインは、より一層味わい深いです。

Contrada San Filippo, Furnari／📞0941-840214
🌐www.cambriavini.com／✉info@cambriavini.com
🕐9:00～13:00、15:00～19:00、日曜祝日休／◎醸造施設訪問＆テイスティングは要予約
📍テイスティング4種類：€25～（サラミやチーズなどのおつまみつき）
🚗ミラッツォから車で約30分／MAP📍P.12[C-1]

上から／見学ツアーであらゆる工程を間近に見ることができる。／カンブリアでは、9つの品種を育てている。／木の樽が積み上げられた貯蔵庫。熟成したワインの香りが充満している。

# サリーナ島のオーガニック農法ワイナリー
## Caravaglio
### カラヴァリオ

1989年にオーナーのアントニーノ・カラヴァリオ氏によって創業された家族経営のワイナリー。ブドウ畑はサリーナ島とリパリ島の二つの島に所有し、完全オーガニック農法（創業当時からビオの認証も受けています）で造られています。ワイン以外にもサリーナ島の特産物でもあるケッパーも生産しています。

本当においしいワインは畑で造る、醸造施設はその手助けをするだけ、という考えのもと、この美しい島で最高の自然派ワインを造り続けています。

サリーナ・ビアンコは、マルヴァシア種90％とその他の土着の白の品種をブレンドしたワインで、ミネラルが豊富で辛口ですが、柑橘のようなさわやかな香りが印象的。シチリア料理、とくに魚介によく合います。

ワイナリー訪問ではオーナー自ら、または家族が説明、案内してくれます。和気あいあいとした雰囲気でテイスティングも楽しめます。

上から／カラヴァリオのワインは日本にも輸出されている。／ブドウの収穫はすべて手摘みで行われる。／畑で過ごす時間も長いというオーナーのアントニーノさん。

上・夕景を楽しみながらテイスティング。／右・ブドウ畑はサリーナ島とリパリ島の両方にある。

収穫は8月末から9月にかけてはじまる。

Via Provinciale 33, Malfa, Salina／☎339-8115953（携帯）／⊕ www.caravaglio.it
✉ caravagliovini@virgilio.it ◎醸造施設訪問&テイスティングは要予約
MAP 📍P.14[A-2]

ブドウ畑の向こうは青い海。エオリエ諸島で2番目に大きいサリーナ島も見える。

主な土着品種は、マルヴァシア・ディ・リーパリとコリント・ネーロ。

## 海がすぐそこに！絶景ワイナリー
# Tenuta di Castellaro
テヌータ・ディ・カステッラーロ

北イタリアのベルガモの企業家マッシモ・レンチ氏がリパリ島で奥さんとともにはじめた、エオリエ諸島の最大規模のワイナリー。創業2007年と比較的新しいですが、エトナの有名ワイン醸造家サルヴォ・フォーティ氏がコンサルタント。畑を見るとアルベレッロ方式[※1]の栗の添え木が見られます。2011年にビオロジック認定[※2]を受けており、ワイン生産協会、イ・ヴィニエーリの一員でもあります。

エトナ山の麓パッソピッシャーロとリパリ島内の異なる地域に複数のブドウ畑を所有し、とくにカッペロ地区とカステッラーロ地区の畑から見える、エオリエ諸島の美しい海やまわりの風景の美しさは圧倒されます。

ワインは完全オーガニックで、深みのあるものばかり。とくにデザートワインのマルヴァシア・デッレ・リパリ(Malvasia delle Lipari)は、お酒にあまり強くない人にもおすすめ。ナッツ系のクッキーや、辛口のチーズとも合います。

※1 アルベレッロ方式：ブドウの木をワイヤーなどを使わずに1本ずつ独立して育てる栽培方法。
※2 ビオロジック認定：有機栽培農法の認証組織によって認定を受けること。

上・地下の木樽貯蔵庫は、熱を通しにくい石造りなので、つねにひんやりしている。／下・料理に合わせたワインでテイスティングを楽しめる。

Via Caolino s.n., Lipari
☎ 345-4342755（携帯）
🌐 www.tenutadicastellaro.it
✉ info@tenutadicastellaro.it
🕐 11:00〜21:00、土日曜祝日休
◎醸造施設訪問＆テイスティングは要予約
🍷テイスティング数種類＝€35〜
※人数やリクエストによって値段は変動する可能性あり（要予約）
🚢各地からの船が発着するリパリ島の港から車で約20分／MAP📍P.14[A-1]

エオリエ諸島をめぐる

風神が宿る島

# Eolie
エオリエ諸島

リパリ島からヴルカーノ島を望む。©Silva Krajnc | Dreamstime.com

2000年にユネスコの自然世界遺産に登録された、メッシーナの北側にある7つの火山島から成るエオリエ諸島。個性的な7つの島には、ほかでは見られない美しい自然と海があります。風光明媚なリゾート地として有名で、ちょっと高級感がありますが、都会の喧騒から離れてのんびりリラックスしたいという人には本当におすすめです。

エオリエは、ギリシャ語のアイオロス（風の神）が由来。風神が宿る島として紀元前から栄えていました。場所によってはインターネットも通じず、車も走っていない、稀有な環境を体験できますよ！

MAP 📍P.14

# エオリエ諸島の概要と主な航路

◎赤線は通年1時間に1〜2本運航
◎青線は夏季は1日6〜7本、それ以外の時期は1日2〜3本運航
◎緑線は通年1日1〜3本運航

## Filicudi フィリクーディ島

面積：9.7km²

人口：約235人（2023年現在）

アリクーディ島と同様、手つかずの自然が残る島。住民は非常に少なく、10年前までは電気も通っていなかった。ひと昔前の生活を体験したい人にはおすすめ。

## Alicudi アリクーディ島

面積：5.2km²

人口：約100人（2023年現在）

フィリクーディ島と同様、あまり観光地化されていない。豊かな自然が完全に保存されており、道の整備などもされておらず、車はおろか自転車すら見かけない。移動は徒歩のみ。

*Alicudi*

*Filicudi*

## 複数の島を周遊するミニクルーズ

　エオリエ諸島の複数の島を1日で周遊できるミラッツォ港発着のミニクルーズが、毎年3月〜10月の間いろいろな会社によって催行されています。おすすめは内容も豊富でプロフェッショナルな対応にいつも感心するタルナヴ（Tarnav）社。各島ではフリータイムが十分にとれるので、海水浴を楽しんだり街をぶらぶらしたり。また、船でしか辿り着けないスポットに行けるので、お得感たっぷりです。

◎タルナヴ社のおもなミニクルーズ
リパリ島&ヴルカーノ島ツアー／毎日催行★
ストロンボリ島&パナレア島ナイトツアー／火金日曜催行
活火山周遊ツアー／火金土曜催行
4諸島周遊ツアー／水日曜催行
※季節によって催行日が変更になるので、公式サイトで事前チェックを。

【ツアー問い合わせ先】 **Tarnav srl**
Via dei Mille, 9/17, Milazzo／📞090-9223617
🌐 www.minicrociere.tarnav.it　👣ミラッツォ港から徒歩1分

### タルナヴ社のリパリ島&ヴルカーノ島ツアー★

| 9:00 | ミラッツォ港にて乗船開始。夏はとくによい席を取るために、早めに行きましょう。 |
|---|---|
| 9:30 | ミラッツォ港を出発。移動中には、英語をはじめフランス語など各言語でのちょっとした説明あり。 |
| 11:00 | リパリ島に到着。約2時間のフリータイム。考古学地区を散策したり、港近くの繁華街でショッピングを楽しんだり、かわいいカフェでお茶するもよし。タクシーをチャーターして周遊するのもおすすめ。 |
| 13:00 | リパリ島からヴルカーノ島へ。船でしか近づけないスポットを訪れる。青の洞窟を思わせるヴィーナスの水槽や、島近辺にある岩礁など。 |
| 13:30 | ヴルカーノ島へ到着。約2時間半のフリータイム。 |
| 16:15 | ヴルカーノ島を出発。 |
| 17:45 | ミラッツォ港へ到着。 |

## Panarea パナレア島

面積：3.4km²

人口：約240人（2023年現在）

エオリエ諸島最小の島だが、7島のなかでもっとも風光明媚な島とされている。ナイトスポットや高級ホテルなどがいちばん多く、夏には世界中から有名人やVIPが訪れる。島のタクシーはゴルフカートにそっくりな電動小型車。[➡P.146]

## Stromboli ストロンボリ島

面積：12.6km²

人口：約500人（2023年現在）

イタリアでもっとも活動の活発な火山、ストロンボリ火山の島。島の面積のほとんどが火山で、そのまわりに少し街があるイメージ。昼間は煙が上がり、天気がいい日には、日が暮れると火山が赤い溶岩を吹き上げる様子を見ることができる。[➡P.140]

## Salina サリーナ島

面積：26.8km²

人口：約2,300人（2023年現在）

映画『イル・ポスティーノ』のロケ地としても有名。"神の蜜"とも言われる"マルヴァシア"という甘口のデザートワインと、ケーパーが名物。[➡P.130]

## Lipari リパリ島

面積：37.6km²

人口：約9,000人（2023年現在）

エオリエ諸島最大の島。島内はいくつかの地域に分かれており、絶景スポットも多い。軽石の採掘場もあったが、自然景観を守るために2006年にストップ。港近くには店やレストランが並ぶにぎやかな繁華街と、紀元前をはじめ、ギリシャ、ローマ時代の遺跡や建築物が集まる考古学区域がある。[➡P.112]

## Vulcano ヴルカーノ島

面積：21.0km²

人口：約450人（2023年現在）

ヴルカーノとはイタリア語で火山の意味。海岸沿いにある泥温泉が有名で、硫黄の匂いがかなりきついが、入ればお肌がつるつるに。とくに夏場は水着姿で温泉に浸かっている観光客であふれる。スパやマッサージなどのサービスが併設されているホテルや施設も多い。[➡P.122]

*Stromboli*

*Panarea*

*Salina*

*Lipari*

*Vulcano*

*Milazzo*

マリーナ・コルタ港の近くには、16世紀にスペイン人が自然の高台に築いた城塞がそびえる。

港からの道にはみやげ屋などが続きにぎやか。

## 島内の交通

🚌 港からウルソ(Urso)社のバスあり。島の主要な場所に1時間に1本程度／6枚チケット€10／🌐 www.ursobus.it
◎ビーチのあるカンネート行きは15分に1本(6枚チケット€8)
🚕 広いリパリ島の内のスポットを巡るにはタクシーのチャーターがおすすめ。1時間€80〜

　エオリエ諸島で最大、もっともにぎやかな島。サリーナ島を除く6島の行政管轄地でもあり、主要施設が多く、ホテルなども充実。教育機関も多く、多くの生徒がほかの島から通っています。島内を循環するバスもあるので便利。店や観光スポットが集まっているのは、フェリーや高速船が行き来するマリーナ・ルンガ港(Marina Lunga)と、ミニクルーズの船が停泊するマリーナ・コルタ港(Marina Corta)の周辺です。MAP📍P.14[A-1]

## リパリ城塞地区
### *Castello di Lipari*

🐟 港から徒歩圏内の多くの見どころが集まる地区。紀元前4000年頃から自然の要塞が築かれ、その後ギリシャ、ローマなどさまざまな民族が足跡を残していった。現在の城壁は、1560年スペインのカルロス5世によってより強固に改築されたもの。城塞地区内は、大聖堂、エオリエ諸島考古学博物館、アクロポリス遺跡公園など見どころたっぷり。高台に位置するので、テラスからは絶景が楽しめる。

## リパリ地区 *Lipari*

🐟 メインストリートのヴィットリオ・エマヌエーレ通り（Corso Vittorio Emanuele）を中心に、人の多く集まるにぎやかな地区。大聖堂や城塞跡、遺跡の集まる考古学地区まで徒歩でアクセス可能。

## カンネート地区
### *Canneto*

🐟 中心街から約3km北にある地区。リパリ島は火山島であるエオリエ諸島で唯一軽石や黒曜石が採石され、軽石はカメラなどの研磨剤として世界各国に輸出されていた。しかし、ユネスコにより2007年から自然の景観を守るために軽石の採石が禁止に。現在も海側から見ることができる白い岸壁は、数十年前まではさらに真っ白だったと言われている。軽石の採石場や放置されたままの工場跡は見学可能。

みやげ屋に売っている黒曜石と軽石。

## アクアカルダ地区
### *Acquacalda*

🐟 島の北にある、広々としたビーチと青々とした海のながめが素晴らしい地区。夏は野外クラブとなり、若者たちでにぎやかに。リパリで海水浴をするならここがおすすめ。

# リパリ島発ファッションブランドの店
## Made in Lipari メイド・イン・リパリ

左・額は浜辺で
見つけた木のかけ
らをリサイクルしてつ
くったものだとか。／右・
カゴのバッグは€45から。

ショーケースのなかにもセンスのいい
アクセサリーがいっぱい。

　ショップオーナーのダニエラさんは、自身がデザイン
を担当したハンドメイドの洋服やアクセサリーをこの小さ
なショップで販売しています。一つひとつの商品をとても
大事につくっており、話を聞いていると情熱が感じられま
す。店内にある商品の半分は彼女のブランド、Made
in Lipariのオリジナル。残り半分は彼女が個人的に気
に入って買いつけたもの。どれもセンスがよくてかわいら
しいものばかり。ファッション以外に、インテリアにおす
すめの陶器のパネルや壺なども。

　夏らしいカゴバッグは、バカンスにぴったり！海に出
かける時にさらっと着ていきたいワンピースは、カラーバ
リエーションも豊富なので、素敵なネックレスと合わせ
てコーディネートしてほしいです。リパリ島発信の最先
端ファッションをぜひ取り入れてみて。

店内にはオーナーのダニエラさんが自
らデザインしたアクセサリーもたくさん。

左・海に行く時にコー
ディネートしたい
素敵な小物たち。／
右・目を引くかわいい
看板と商品のディス
プレイ。

Via Giuseppe Garibaldi, 6, Lipari
☎333-9733398（携帯）
🕙10:00~14:00、18:00~24:00（月
により変動あり）、無休（個人でやって
いるので臨時休業の場合あり）
※11月上旬~4月は休業
MAP 📍P.14[C-1]

114

エオリエらしいビーチにぴったりのバッグや小物。

## メイド・イン・シシリーのコンセプトストア
## *La Casa Eoliana*
ラ・カーザ・エオリアーナ

　2011年にカターニア出身のフランチェスカさんがはじめた店。リパリ島は世界でいちばん美しい場所だと信じていて、シチリア、とくにエオリエ出身のアーティストや職人の小物や作品を販売しています。

　リパリのメインストリートにある小さな店のなかには、おしゃれなカゴバッグやアクセサリーがきらびやかに並びます。商品はすべてハンドメイドのものばかりで、センスがよくていねいにつくられているのが見てわかります。

　つい手に取ってしまいたくなるエオリエ伝統のカゴバックも種類がたくさんあるので、選ぶのに迷ってしまいます。エオリエ諸島のシンボルともされるハートマークをモチーフにしたアクセサリーはプレゼントにもおすすめ。

リパリ中心のメインストリートに位置する小さな店。

Via Giuseppe Garibaldi, 47, Lipari
☎ 347-7227743／🌐 www.lacasaeolianastore.it
🕙 10:00〜14:00、17:30〜23:00、無休
※季節によって時間の変動あり ※10月中旬から3月休業
MAP 📍 P.14[C-1]

上から／アクセ類のディスプレイもとってもおしゃれ。／店のロゴマークになっているハートがモチーフのアクセサリー。／カラフルなカゴバッグは€65。

長年地元の人たちにも愛されている名店。

# 創業100年以上の老舗リストランテ
## *Ristorante Filippino*
リストランテ・フィリッピーノ

　1910年に、フィリッピーノ・ベルナルディ氏によって創業された、リパリ島の老舗リストランテ。イタリアでもっとも美しい海のひとつと言われるエオリエの海でとれた新鮮な魚介を使った料理は芸術的で、まさに美食！ 昔は地元客のみが訪れる小さなレストランでしたが、今では「リパリ島と言えばここ！」と挙げられるほどの名店となりました。

　パスタはもちろん手打ちのみを使用していて風味豊か。デザートは見た目も味も素晴らしいです。250席と広々とした店内は、結婚式のパーティーなどで貸切になることも。

　ミシュランガイド掲載の店で決して安くはありませんが、老舗ならではのあたたかいおもてなしとサービス、美食は試してみる価値ありです。

左・盛りつけにもオリジナリティーあふれるイカ墨のリゾット。／右・ゴマの衣がついたマグロはマンゴー風味のマヨネーズと。

マグロのタルタルはさわやかなライムとアボカドと一緒に。

Piazza Mazzini（別名：Piazza Municipio）, Lipari
📞090-9811002／🌐www.filippino.it
🕐11:30〜15:00、19:00〜24:00、無休
※11月〜2月は休業
MAP📍P.14[B-1]

左・手打ち麺を使ったエビのタリオリーニ（€23.5）。／右・シチリア名物の前菜、カポナータにメカジキが入ったもの（€16.5）。

# 郷土料理、ピッツァやお肉、お寿司まで！

## *Liparo Re* リパロ・レ

リパリの中心にあるカジュアルでエレガントなレストラン。店内はカフェのようなモダンな雰囲気でとっても素敵。広々とした中庭でも食事を味わうことができます。

エオリエ諸島の伝統料理のほか、お肉のグリルや薪窯で焼いたピッツァ、地中海の魚介を使ったお寿司など、おいしいものがたくさんすぎて目移りしてしまうほど。

エビのタリオリーニはエビのタルタルがのっている贅沢な一品。タコやムール貝の入った魚介のサラダはサッパリしていて暑い夏におすすめ。お寿司をはじめとする和食メニューには天ぷら各種、タタキなども。

ワインリストも地元やシチリア産のワインを中心に豊富に揃っています。

ピッツァは生地にもこだわっている。

Via F. Maurolico, 25, Lipari
📞090-9488140
🌐 www.liparore.com
🕐12:30〜14:00、19:30〜23:00、無休
※11月中旬〜3月は休業
MAP📍P.14［C-1］

左・広々としていて過ごしやすい店内。／右・夏の夜は中庭での食事もおすすめ。

オリーブオイルと柑橘の風味がさわやかな魚介のサラダ。

Per panino a++es1 2.0□□□ MINUTI

ジルベルト
さんおすすめの
グラツィア。生地の
外はカリッと、なかは
モチモチ。

オーナーとお客さんとの写真や手紙
が貼ってある壁。／外の表示も店内の
雰囲気もエノテカ。外にはテラス席も
ある。

# リパリ島の老舗パニーノ店
## *Enopaninoteca Gilberto e Vera*
エノパニーノテーカ・ジルベルト・エ・ヴェーラ

上・注文を受けてからパンをカット
しはじめる。／下・トマトとチーズ、こ
れだけで絶品！ このあと大きな生ハ
ムがのる。

Via Giuseppe Garibaldi, 22, Lipari
090-8969442
9:00〜24:00、無休
MAP P.14[C-1]

　はじめて訪れても、行きつけの店のように明るく迎えて
くれる素敵なパニーノ店。観光の合間にさっとランチを
済ませるのにはもってこいの場所です。

　店内では、オーナー自らが「自分の店に置きたい！」と
厳選したワインも販売されており、銘柄によってはグラス
ワインで注文も可能。パニーノは種類も豊富で、具材た
っぷりなのでかなり食べ応えあります。小さいサイズ
（€3.5）もありますが、普通サイズ（€6）がおすすめ。持
ち帰っても1日はおいしく食べられるそうなので、食べきれ
ない分はテイクアウトにしてもらいましょう。

　オーナーのジルベルトさんにおすすめを聞いたところ、
「もっともクラシックなタイプなら、新鮮なトマトとモッツァ
レラチーズと生ハムが入ったグラツィア（Grazia）がいい」
との答え。ぜひお試しを！

## リパリで若者たちが集う人気のバー！

*Il Giardino di Lipari* イル・ジャルディーノ・ディ・リパリ

上・落ち着ける中庭の空間は地元の人にも愛される。／左・真夏の夜はコンサートやイベントで大盛り上がり！／右・魚介のフリットはカクテルや冷えたビールに合う。

店員におすすめのカクテルを聞いてみて。

　音楽を聴きながら、おいしいワインやカクテルを楽しみたいのならぜひここへ。店名は「リパリの庭」という意味で、店のシンボルである庭でコンサートなどのイベントが行われています。「リパリにこういうお店があったらな」とかねてから希望していた若者達が、この庭つきの土地を見つけた時、「それなら自分たちでつくってしまおう！」とはじめた場所なんだとか。

　お酒がすすむフリット系のおつまみも人気ですが、店のイチオシメニューはサバのタコス（€8）。新しいメニューがよく追加されるので、店の人におすすめを聞いてみて。

Via Nuova, Lipari／📞339-3299029（携帯）／🌐www.ilgiardinodilipari.com
🕐18:30〜翌2:00（8月翌3:30）、無休 ※10月上旬〜4月は休業／MAP📍P.14[C-1]

すぐ近くに海を感じられる開放的なテラス。

# 絶景が自慢のかわいいブティックホテル

## Hotel Mea ホテル・メア

上・プールサイドでのんびりとセレブ気分を味わって！／下・部屋は、家具つきのパティオか、バルコニーがあるムーア様式の客室がある。

　白が基調の見た目もかわいらしい、2011年創業の新しいブティックホテル。リパリ島の港から500m、中心街からも徒歩でアクセス可能な絶好のロケーションにあり、各部屋の内装も清潔感いっぱいで、ゆったりくつろぐことができます。

　エオリエの美しい海を望むプールで、カクテルを片手に絶景をながめながら、極上の時間を。スイミングプールとジャグジーつきの温水プールがつながっており、子どもも大人も楽しめます。リッチな雰囲気のあるホテルですが、スタッフのサービスにもあたたかみが感じられ、居心地は◎。

　ホテルから港までの無料往復送迎がついているので、重いスーツケースを運ぶ心配もありません。

Via Paolo Borsellino e Giovanni Falcone, Lipari
📞090-9812077／🌐 www.hotelmealipari.com
🛏 シングル€65〜、ツイン€100〜（ともに朝食つき）／全37室
📍1/7〜3/1は休業／MAP 📍P.14[B-1]

魚介の素材をいかした料理が自慢。

# シチリア人のバカンスの過ごし方

イタリア人、なかでもシチリア人は、本当に海が大好き！もちろん島のまわりは海ですから、小さい頃から夏は海で過ごすことに慣れています。5月や6月（その年の気候によって変わりますが）に、海に入れる気候になると、週末はみんなこぞって海に出かけはじめます。そして、8月のバカンスシーズンには、ほぼ毎日海に通い詰めるのです。

「女性の肌は白くあるもの」と美白を重要視する日本とは真逆の考えで、シチリア人は「夏に肌が白いのは不健康だ」と思っています。確かに、こちらで夏に色が白いと「体調が悪くて海に行けない」、「バカンスを楽しむ余裕のないちょっと可哀想な人」としてあまりいい目で見られることがありません。健康的な小麦色の肌こそが、こちらではステータスなのです。

花嫁さんも、純白のウェディングドレスには日焼けした肌こそ似合う、とすすんで海に出かけます。老若男女問わず日光浴や海水浴に勤しむシチリア人達は、非常にほほえましくもあります。ぜひ、海での楽しい一日の過ごし方を知っているシチリア人に紛れて、シチリア流のバカンスを満喫してください。

海中で楽しめる滑り台などの貸出も。みんな朝から夕方まで海を堪能している。

火山と泥温泉とスパの島

*Isola di Vul...*

ヴルカーノ島

エオリエ諸島でもっともシチリア島に近い島。ミラッツォから水中翼船（高速船）で1時間未満とアクセスもよく、日帰りも可能です。島には、グラン・クラテーレ（Gran Cratere）やヴルカネッロ（Vulcanello）などの複数の火山があります。と言っても、ここ100年以上は煙や硫黄を排出する活動のみ（活動が活発になり、イタリア防災庁が注意を促すことも）。泥温泉の存在が有名で、スパ完備のホテルや施設も多く、リラックスした滞在を味わいながらキレイになれると、とくに女子には魅力的な場所です。

MAP♥P.14[A-1-2]

**島内の交通**

🚕港付近に停まっているタクシーを利用するか、スクーターのレンタルのみ
🛵50ccスクーターの場合、24時間€40〜50程度（季節により変動あり、要国際免許証、ヘルメット（レンタルあり）着用）

街と海の向こうのすぐ近くに、隣接するリパリ島が見える。

船はすべてレヴァンテ（Levante）港に泊まる。港付近は常に人の行き来が多くにぎやか。

# ヴルカーノの泥温泉
## *I fanghi di Vulcano*

🏴 ヴルカーノに来たらマスト！
（P.124参照）

# 黒い砂浜のビーチ
## *spiagge nere*

🏴 なかなかめずらしい、火山灰が混ざった真っ黒なビーチ。海の色がクリスタルのように透明なので、真っ黒い砂とのコントラストが素敵。港から歩いて行けるので、日帰りで海水浴を楽しみたい人にもおすすめ。

# 窪んだ大火口
## *Gran Cratere della Fossa*

🏴 港からもっともアクセスが便利な火山の火口。山頂までは徒歩で片道約1時間。夏のシーズンには、水着のまま登る人もいる。標高386mの火口の直径は島内最大の500mで、煙が出ている様子が見られることも。

# 馬の洞窟とヴィーナスの水槽
## *Grotta di Cavallo e Piscina di Venere*

🏴 ヴルカーノ島の北西部にある、入り口が馬の頭に似た洞窟の穴場スポット（上）。ミラッツォやリパリ島発着のミニクルーズでも行ける。船で内部に入ると、青の洞窟を思わせる神秘的な青緑の水の色に驚くこと必至。洞窟のすぐそばにあるヴィーナスの水槽（右）は、まわりが岩に囲まれ透明度の高い小さな水槽のようになっており、浅瀬なので遊泳も可能。

火山島名物をお試しあれ

# I fanghi di Vulcano
ヴルカーノ島泥温泉

たっぷり全身に泥を塗って泥パックをすれば、美肌効果抜群！

日本人にとって火山と言えば温泉ですが（イタリア人にとってはそうでもない）、ヴルカーノ島にはなんと泥の温泉が湧いています。港に降り立つと、すぐに強烈な硫黄の匂いを感じるでしょう。水温はぬるめで、ところどころ熱い箇所があります。とても粘りのある本格的な泥で、天然の泥パックを体験するような感覚です。

この温泉は、毛穴をきれいに洗浄する効果があるとのことで、確実に肌にはいいようです。そのほか、リューマチ、関節痛の人などにも推奨されています。ただ、数日間は身体に硫黄の匂いが残ります。水着も同様なので、捨ててもいいくらいのものを身に着けるのがいいかもしれません。

ちなみに、泥温泉の隣には海水温泉が。こちらも、海底から温水がブクブクと湧き出ています。両方に入って違いを試してみるのもおもしろいですよ！

2023年8月現在、泥温泉が調査の対象となっているため、立ち入り禁止となっています。再開は未定ですが、一刻も早く泥温泉が楽しめるようになるのをみんな心待ちにしています。

上・隣にあるアクア・カルダ（Acqua Calda）は温泉と海水が混じり合っている。／下・硫黄がかったこの岩肌が目印。

🚶 ヴルカーノ島の港から徒歩5分。港から降りて、まっすぐ進めばすぐに右手に見える
💶 €3（シャワー代別途€1）
🕐 7:00〜20:00（季節により変動あり）、無休（11〜3月は休業の可能性あり）
MAP 📍P.14[B-2]

## スパ施設やマッサージで至福の時を過ごす
# Les Sables Noirs & Spa
レ・サブレ・ノアー・アンド・スパ

ベッドの上にはスリッパやバスローブなども。

上・スパ施設には複数のジャグジー。その奥にはプールも。／下・朝食はブッフェで種類も豊富。

　ヴルカーノ島の中心に位置するブティックホテル。港から徒歩5分（無料送迎つき）で、ホテルのすぐ前は黒い砂浜のプライベートビーチと絶好のロケーション。テラスにあるラウンジバーからは、海に沈む夕陽をながめながらお寿司やお刺身などをおつまみにアペリティフを楽しむこともできます（夏は要予約）。

　ホテルはエオリエ島の建物らしく、白いロッジ風。複数のジャグジーつきプールやサウナ完備のスパ施設（別途有料）もあり、リクエストすればあらゆる種類のマッサージ（€40〜）を受けることも可能。宿泊客以外もスパの利用が可能なのもうれしい。日頃の疲れをたっぷり癒してみては？

上・ホテルの目の前には青い海が広がる。／下・テラスのラウンジバーでは海に沈む夕陽を見ながらカクテルを楽しめる。

Via Porto Ponente, Vulcano／📞090-9850
🌐 www.lessablesnoirs.it／✉ info@hotelvulcanosicily.com
🛏 ツインまたはダブルルーム€200〜／全25室
MAP 📍P.14[B-2]

島のホテルらしい外観。白が基調でかわいい。

## ちょっとリッチに高級リゾート体験
# Therasia Resort Sea & Spa
テラシア・リゾート・シー＆スパ

プールの目の前には美しいティレニア海が広がる

泳いで行けそうな距離にある隣の島、リパリ島が見える。

テラスでいただくウェルカムカクテル。

　ヴルカーノ島の最北端、ヴルカネッロという地域に位置する高級リゾートホテル。港からは少し離れていますが、シャトルバスでの送迎つきなので安心。到着すると、すぐにテラスでシチリアならではの色あざやかなウェルカムカクテルを出してくれます。

　部屋はどれも広くて洗練された雰囲気で、全室テラスつき。施設内にはプールとスパ施設が完備されていて、滞在期間中はもちろん予約なしで使い放題です。夜遅い時間まで繁華街とホテルを行き来するシャトルバスが出ているので、夕食はホテル内のレストランで食べても、外食してもよし。

　このホテルで特筆すべきなのは、超豪華な朝食ビュッフェ。冷製パスタや魚料理など、種類も豊富な料理が並びますが、パンケーキやスープ、スクランブルエッグをその場で注文してつくってもらうことも可能。ちょっと贅沢なヴルカーノ島での休日を。

広々としたホールには、バーのほかにもおしゃれなグッズが揃うショップも

上・部屋内にはプチフールのサービスや、ビーチサンダルが置かれているのもうれしい。／左・朝食では目移りしてしまうほどの種類のジャムやハチミツが並ぶ。

右・日没のベストなタイミングを狙って、冷えた白ワインで乾杯。

Località Vulcanello, Vulcano
📞090-9852555／🌐 www.therasiaresort.it
🛏ツイン€298〜／全70室
※4月24日から10月15日までオープン
MAP 📍P.14［A-1］

リゾート内の
ミシュラン1ツ星レストラン

*Ristorante Il Cappero*
リストランテ・イル・カッペロ

　北イタリアのレストランで長年務めていたパレルモ出身の若きイケメンシェフがつくる、エオリエの新鮮な食材を使った芸術的な料理を楽しめる。盛りつけも美しく、食べるのがもったいなくなるほど。メニューは7品、9品などのシェフおまかせコース（€170〜）のほか、ベジタリアン専用メニューも。宿泊客以外も予約可能。

🕐20:00〜23:30、無休
※ホテル休業中は、休業
🌐 www.ilcapperoristorante.it

座席はすべて絶景を堪能できるシービュー。

リコッタチーズ、生ハム、トマトなどシチリアの味覚を堪能できるパーネ・クンツァートゥ(Eoliano)

## パーネ・クンツァートゥを堪能する

# Malvasia Pane Cunzatu & Restaurant

マルヴァシア・パーネ・クンツァートゥ&レストラン

　2015年の夏にオープンしたレストラン。オーナーのパガーノ兄弟は、エオリエ諸島名物のパーネ・クンツァートゥ(Pane Cunzatu)を広めたとも言われており、昔からずっと食に携わってきました。パーネ・クンツァートゥとは、巨大なブルスケッタのこと。盛りつけられる食材は野菜のほか、ツナ、オリーブ、ケッパー、玉ネギなど。このレストランは、ほかではめったに見かけない、ラグーソースのものまで揃えています。焼きたてのパンをたっぷりのオリーブオイルとオレガノで味つけし、新鮮な食材をてんこ盛りにした一品は、ボリューム満点!

　魚介メニューのほか、手づくりのジャムと一緒にチーズが楽しめるアペリティーボも見逃せません。

上から／アーティチョークのサラダ。星のようなパンの盛りつけを見るだけで元気になる。／Eolianoという名前のパーネ・クンツァートゥは€16.5でボリュームたっぷり!／パーネ・クンツァートゥを広めた立役者、パガーノ兄弟。／火山と海の景色を楽しめる、白を基調としたテラス席はリゾート感たっぷり。

Via degli Eucaliptus, Vulcano／☎346-6039439(携帯)
🌐www.ristorantemalvasiavulcano.it
🕐12:30～14:30、20:00～23:00、無休 ※11月～4月は休業
MAP 📍P.14[B-2]

# ガッツリおいしいお肉を食べるなら
## The Sicilian Barbecue
ザ・シシリアン・バーベキュー

港の近く。もちろん火山も見える抜群のロケーション。

　オーナーシェフのサンティさんは若い頃に海外で経験を積んだ後、メッシーナ県でレストランを開店。お肉のスペシャリストとして、イタリア国内産を中心に高品質のお肉料理を提供しています。

　グルメ・バーガーにはそれぞれエオリエの島の名前がついています。例えばヴルカーノは、シチリア産スコットーナ（若い雌牛）のハンバーグにラグーサ産のモッツァレラチーズ、ベーコン、ビオのマヨネーズ、ピスタチオのペーストとジャガイモのオーブン焼きが入ってボリュームたっぷり。

　肉料理のイチオシは、シチリア・ネブロディ産のスコットーナのステーキ（€25）。上からポルチーニ茸とすりおろしたグラーナというチーズをかけた贅沢な一品。

　カジュアルな店なので、ハムやチーズ、サラミの盛り合わせをおつまみにワイン一杯でもOKです。

---

Via Lentia, Vulcano／📞366-3716186
🌐 www.thesicilianbarbecue.it
✉ castellanosanti@hotmail.it
🕐12:00-15:00、19:00-23:00、無休
※冬季休業（年によって変動あり）
MAP 📍P.14[B-2]

上から／食べごたえのあるハンバーガーは1つ€13〜。／ワインがすすみそうなハムやチーズの盛り合わせ。／シチリア産はもちろん、海外からも取り寄せた最高品質の肉料理が味わえる。／子どもも大好きなインボルティーニ（肉巻き）。

# 『イル・ポスティーノ』とマルヴァシアの島
## Isola di Salina
サリーナ島

ヤシの木など南国の植物に囲まれた建物は、南国リゾートの雰囲気たっぷり。

ゆったりして開放的なサンタ・マリーナ・サリーナの遊歩道。

### 島内の交通

🚌 リングア（Lingua）始発のC.I.T.I.S.社の循環バスあり。サンタ・マリーナ（Santa Marina）、マルファ（Malfa）、リネッラ（Rinella）などに停車／夏季（7月初旬～9月初旬）は、7:00～24:00頃までほぼ1時間に1本、それ以外の期間は1～2時間に1本／片道€1.9～2.9（区間により変動）／http://www.trasportisalina.it
◎ ポッラーラ（Pollara）へ行くにはマルファで乗り換え（片道€1.9、往復€3）
🚕 タクシーまたはボートでの移動、あるいはスクーターレンタル

エオリエ諸島でリパリ島の次に大きい島で、映画『イル・ポスティーノ』の舞台となりました。

ワイナリーがいくつかあり、ブドウ畑もちらほら。シチリアのさんさんとした太陽のもとで干されたブドウで造られるデザートワイン、マルヴァシア・デッレ・リーパリ（Malvasia delle Lipari）が有名です。また、ケーパーの栽培もさかんで、花のつぼみの塩漬けはおみやげの定番。シチリアでは魚料理に使われることの多いケーパー。サリーナ島産はとくに風味が豊かで、パスタのソースに加えてもアクセントになります。

## マルファ Malfa

🚩 島の北部に位置し、山や畑、ワイ
ナリーなどが多く丘の上に広がってい
る地域。標高は約100m程度。ブドウ
畑があちこちに見られる。

## サンタ・マリーナ・サリーナ
### Santa Marina Salina

🚩 水中翼船（高速船）やミニク
ルーズの船が停泊する港のある、
島でいちばんにぎやかな場所。店
やレストラン、ホテルが集まり、夏
は夜遅くまで人であふれる。色と
りどりの建物と自然との調和が素
敵。ぶらぶら散策するのも楽しい
エリア。南西部にはリネッラ港
（Porto di Rinella）もある。

## ポッラーラ
### Pollara

🚩 『イル・ポスティー
ノ』の映画ファンには見逃
せない場所。ここで映画の
いくつかのシーンの撮影
が行われた（P.132参照）。

## 海洋生物学者とボートで行く!
### 映画ロケ地&絶景スポット周遊ツアー
*Escursione in barca a Salina*

海からでなければ見られない絶景
が目白押し!写真はペルチャート岬

サリーナ島の各スポットを訪問するなら、ボートでの
プライベートツアーが絶対におすすめ。海洋生物学者
でもあるルイージさんのツアーなら、充実した時間を過
ごせること間違いなしです。サンタ・マリーナ・サリーナ
の港発着で3時間(サンセット・ツアー)または6時間
(日中のツアー)かけてめぐっていきます。どこも船でし
かアクセスできない場所ばかり。

映画『イル・ポスティーノ』の撮影が行われたポッラ
ーラや、ペルチャートの岬(Punta Perciato)、トッリ
チェッラ(Torricella)と呼ばれる変わった形の岩など
を説明つきで見学できます。

ボートは各スポットで停泊するので、海に飛び込ん
で楽しみましょう。下に水着を着た状態でツアーに参加
します。タオルやビーチサンダルなども忘れずに!

映画『噴火山の女(Vulcano)』(1950年)
の撮影も行われたリネッラ村の入り江。透
明度はかなり高い。

【ツアー問い合わせ先】
**Bio Cruising Eolie**
📞333-2546739(携帯)
🌐 www.salinaescursioni.it
◎プライベートツアーのみ。船には10人まで
乗船できます。ツアー代金は参加人数が変
わっても同じ。3時間ツアー€270〜、6時間
ツアーは€650〜。✉ bceolie@gmail.com

右・崖の上からポッラーラのビー
チまで歩いていくのは大変だけど、
ボートツアーなら楽々!/左・リゾ
ートホテル「カポファロ・マルバシ
ア&リゾート」を崖の下から望む。

店名は、ポリネシアの先住民の言葉で「広い大地」を意味する。

## 自然のなかの隠れ家風スポット
### *Rapanui* ラパヌイ

　ディスコパブ、リストランテ、バールを兼ねたサンタ・マリーナ地区の人気店。子どもから大人まで気軽に食事を楽しめる場所で、森のなかにある小屋のようなインテリアが素敵。テーブルも椅子も木製でとてもかわいらしいです。

　夏の間は、水着の上に1枚羽織って食事する人もちらほら。スタッフも非常にフレンドリーで陽気に迎えてくれます。早く海に行きたいからササッと軽く食べたい人も、ゆっくりくつろいで食事したい人にもおすすめ。パスタや魚介料理の盛りつけもきれいで食欲をそそります。メニューは頻繁に変わるので、旬のおすすめメニューを試してみて！

上・素材の味をしっかり感じられる、パスタ・アッラ・ノルマ。／下・魚介のリングイネは、ソースがとても濃厚。

Contrada Barone, 1, Santa Marina Salina
📞090-9843546／🌐 rapanuiresort.com
🕘9:00〜翌2:00、無休 ※11月〜3月中旬は休業／MAP📍P.14[A-2]

敷地内は色とりどりの植物が育てられている。

# 知られざるシチリアの厳選ビーチ

地中海に浮かぶシチリア島には、美しいビーチがたくさんあります。
そんななかでも、私が個人的にいちおしの5つのビーチをご紹介します！

上・歩いてしかアクセスでき
ないこともあってか、透明度
もかなり高い。／左・入り江
が見えると疲れも吹き飛ぶほ
どの美しさ。こうしたスポット
が8つある。／右・対岸のパレ
ルモ方面の山々が見える。

道の分かりやすいサン・ヴィート・ロ・カーポ側の入り口。

# 大自然のなかで保護されたビーチ
## Riserva dello Zingaro
リゼルヴァ・デッロ・ジンガロ

　日本ではまだ知名度は高くありませんが、個人的にもかなり注目している場所です。広大な自然保護地区でもあり、知る人ぞ知るスポット。名前は「ジプシーの保護地」の意味で、入り口はトラーパニの北東のリゾートの町サン・ヴィート・ロ・カーポ（San Vito Lo Capo）側と、その南東にある町スコペッロ（Scopello）側の2つあります。

　敷地内はかなり広大で、8つの入り江のようなビーチがあり、各ビーチまではハイキングコースになっていて、まわりにはサボテンなどの植物が生い茂っています。ビーチに出るまで長いですが（場所によっては約2時間）、途中立ち止まって見る景色も圧巻！山道なので歩きやすいトレッキングシューズの準備を忘れずに。

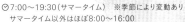

🕗7:00～19:30（サマータイム）　※季節により変動あり
　サマータイム以外はほぼ8:00～16:00
💶大人€5、子ども（10～14歳まで）€3（9歳以下は無料）
🌐www.riservazingaro.it

🚗パレルモから高速道路A29をトラーパニ方面へ進み、カステッランマーレ・デル・ゴルフォ（Castellammare del Golfo）で降り、国道をトラーパニ方面へ約4km進み、スコペッロ（Scopello）方面の道へ入り数km進むと看板が見えてくる
🚌カステッランマーレ・デル・ゴルフォからAutoservizi Russo社のZingaro行き直通バスで約30分、片道€3.2、往復€5.1
◎6/15～9/15以外の期間はスコペッロ止まり。7:30、9:30、12:30、16:30発
🌐www.russoautoservizi.it／MAP 📍P.5

ティンダリの伝説が語られる
特別な場所

# Laghetti di Marinetto
ラゲッティ・ディ・マリネッロ

ラゲッティと伝湖の一つ。大小2つある。
© Elxeneize | Dreamstime.com

漆黒のマリアの存在により信仰者も多い崖の上の町ティンダリ（Tindari）の下にあるシチリア人に大人気のスポット。自然保護地域にもなっており、砂州のような形が特徴。ティンダリの大聖堂のある展望台のテラスから子どもが落ちてしまった際、マリアがこの砂州をつくって助けたという伝説があります。夏は海辺に面したビーチで多くの人が海水浴や日光浴を楽しんでいます。ここに来ると伝説のためか、心も洗われるような気がします。

上・近郊の町からは、ボートで行き来できる。／左・ベルヴェデーレ広場に面した大聖堂は、1900年代後半の建物。

【おすすめ立ち寄りスポット】

## ティンダリの大聖堂
*Santuario di Tindari*

数々の奇跡が語り継がれ年中参拝客が途切れない大聖堂。とくに信仰深くないシチリア人でも、大事なイベントを控えた時や願掛けの時に訪れます。ティンダリの守護聖人はマリア・サンティッシマ・デル・ティンダリ（Maria Santissima del Tindari）。毎年9月7〜8日に行われる「ティンダリのマリア祭り」には、島のあちこちから巡礼として何時間も、時には夜通し歩き続けて人々が集まります。

漆黒のマリアは、東方からやって来たと言われる。

🚗 パレルモ・メッシーナ間の高速道路A20のファルコーネ（Falcone）の料金所から約15分
🚃 パレルモ・メッシーナ間のローカル電車にてオリヴェーリ・ティンダリ（Oliveri-Tindari）下車（パレルモから約3〜4時間/€12,3、メッシーナから約50分/€6.8〜7.5）。
※パレルモからの場合は、Patti-S. Piero Patti駅で乗り換え。メッシーナからでも乗り換えの場合あり。
MAP 📍P.12[C-1]

透明度の高さと美しい青色のコントラスト。日影はないので準備もしっかり！

## 船が浮いて見えるほどの透明度！
# *Cala Rossa*
カーラ・ロッサ

　シチリアの最西端、トラーパニから高速船で30分、エガディ諸島のファビニャーナ島（Isola di Favignana）にあるビーチ。福山雅治さん出演の東芝液晶テレビ「レグザ」のCM（2013年）で「船が浮いているように見える！」と一時話題になった、透明度の高い海の色が魅力的。カーラ・ロッサとは「赤い入り江」を意味し、はるか昔の戦争でこの辺りが血で赤く染まっていたことから、そう呼ばれるようになったとか。今は言わずと知れた、イタリア人憧れのリゾートです。

上・海の底がよく見える。シュノーケリングを楽しむ人も。／下・砂浜はなくまわりは岸壁なので、ボートでアクセスする人も多い。

【おすすめ立ち寄りスポット】　天空の町、エリチェ *Erice*

城壁内は住人しか車で入れないので観光は徒歩のみ。

　トラーパニの西側にあるサン・ジュリアーノ山の上、標高751mの城壁に囲まれた旧市街。昔から聖地とされ、神が宿ると崇められてきました。ヴィーナスの神殿跡に建てられた12世紀建設のノルマン城は、ヴィーナスの城とも。城壁の外に広がる景色は、トラーパニやそのまわりに広がる塩田、海などまさに絶景。

　ファビニャーナ島までは、トラーパニの港から高速船（Aliscafo）で約30分。島の港からはレンタル自転車（1日€5〜15、季節によって変動あり）がおすすめ（徒歩なら約1時間）。タクシーの場合は、近くで降ろしてもらってから徒歩
MAP 📍P.13[C-1]

🚡トラーパニの街のはずれ、カプア通り（Via Capua）からロープウェイで約10分（片道€6.5、往復€11）。または、トラーパニ駅からASTバスで約45分〜1時間（90分間有効券 €2.9/Tの目印のあるタバコ店で購入可能）
◎エリチェ行きロープウェイ（Funivia Erice）運行時間 8:30（月曜14:00）〜20:00、金曜〜23:00、土日曜祝日9:00〜24:00、無休
※6/26-9/24は平日〜01:00、土日曜〜01:30、1〜3月運休の可能性あり

137

## 自然のなかに残された美しい入り江
### Piscina di Venere
ピッシーナ・ディ・ヴェーネレ

まわりは岩場のようになっており、アクセスも砂利道なので歩きやすい靴は必須。

「ヴィーナスのプール（または水槽）」という名の美しい隠れ家的スポット。広場から灯台のある方向へ進み、崖をどんどん降りて行くと、透明度の高い美しい入り江が見えてきます。少し遠いので、途中でくじけそうになりますが、そんなことは忘れてしまうほどの美しさ！ 比較的人が少ないので（有名なので誰もいないことは滅多にないですが）、夏は落ち着いて海水浴が楽しめます。

アクセスはよくないが、行く価値のある穴場スポット！

途中展望台のような場所もいくつかある。

🚗 カーボ・ミラッツォ（Capo Milazzo）の広場に車を停め、そこから徒歩30分
🚌 ミラッツォより市バス（60分間有効券€1.2／Tの目印のあるタバコ屋で購入可能）Line6でカーボ・ミラッツォ下車（約15分）、そこから徒歩30分
MAP 📍 P.12[C-1]

# 真っ白な岸壁と透明な海!

## *Scala dei Turchi*
スカーラ・ディ・トゥルキ

シチリア島南西部アグリジェント (Agrigento) から車で約15分の、真っ白な石灰岩でできた階段状の岩壁のある絶景ビーチスポット。名前は「トルコ人の階段」を意味し、かつてトルコの海賊が襲来してきた際にここからのぼって上陸したと言われています。石灰岩が地殻変動で隆起し、波による浸食をくり返すことで階段状の地形ができたとか。白と青のコントラストが美しい!

上・丸みを帯びた白い岩肌とエメラルドグリーンの海がつくる不思議な風景。／下・高さ40mの白い壁が海沿いに約500mにわたって続いている。

🚕アグリジェントからタクシーで約15〜20分
🚌アグリジェントから郊外の町レアルモンテ (Realmonte) まで、Salvatore Lumia社のバスで約20分 (片道€2.7、往復€4.2)、下車後徒歩約30分◎バスは2時間に1本程度だがかなり不定期で運休もあるので、タクシーが確実
MAP 📍P.5

石灰岩でできているので、座るとお尻が白くなるので注意。

【おすすめ立ち寄りスポット】
## ホテル・ヴィラ・アテナ
*Hotel Villa Athena*

スカーラ・ディ・トゥルキから約15分、世界遺産のアグリジェントの神殿の谷のすぐそばのホテル。海水浴の帰りに滞在すれば観光にも便利。部屋のテラスからコンコルディア神殿が見え (スイートルームはテラスの真ん前!)、とくにライトアップされた遺跡は雰囲気も抜群。

上・屋外プール完備の5ツ星ホテル。敷地内にレストランも2軒ある。／下・神殿が中央に見えるスイートルーム。

Via Passeggiata Archeologica, 33, Agrigento／📞0922-596288
🌐www.hotelvillaathena.it
🛏シングル (ツインのシングル使用) €130〜、ツイン・ダブル€150〜／全27室

島がほぼ火山のストロンボリ島。島の反対にある集落に行くのにも船でアクセスする。

# マグマがほとばしる迫力の火山
# *Isola di Stromboli*

ストロンボリ島

エオリエ諸島の北東端に位置し、面積のほとんどを火山が占める島。溶岩が噴き出すタイプの噴火を行う火山のことを専門用語で「ストロンボリ式火山」と呼んでいるように、火山活動は常に活発で、天気のよい日は夜になると赤いマグマが見えます。海側から船に乗るとよく見えるので、ミニクルーズのナイトツアー（船上でパスタを食べながら見学する）がおすすめ。火山を登るトレッキングツアー（P.142）に参加すれば、迫力の噴火も見ることができます。

島の真ん中に火山、裾野部分に街や集落があります。東側には、船や高速船の港があるストロンボリの町があり、サン・ヴィンチェンツォ（San Vincenzo）地区やサン・バルトロ（San Bartolo）地区などに分かれています。メインストリートはローマ通り（Via Roma）。

島の西北部には、約40人が暮らすジノストラ（Ginostra）という小さな集落があります。2004年までは電気も水も通っていなかったとか。島の反対側の町に行くにも、船で行く必要があります。

MAP ♥ P.14[A-2]

船で近づいていくと、裾野に集落がある様子がわかる。

## 島内の交通

🚗 カートのようなタクシーまたはボートでの移動、あるいはスクーターのレンタル（料金はP.122参照）

140

左・写真左上の島は、火山活動で生まれた無人島、ストロンボリッキオ島。灯台がある。／下・展望台のあるサン・ヴィンチェンツォ広場にあるサン・ヴィンチェンツォ教会。

左・映画『ストロンボリ／神の土地』(1950年)撮影中にロベルト・ロッセリーニ監督と主演のイングリッド・バーグマンが滞在した家。／右・白い塀の小道が海まで続いているサン・ヴィンチェンツォ地区。

標高1,000mに満たないが、それは地上に出ている高さで、実は海面下に1,300〜2,400mもの深さまで続いている。日中は煙を噴き上げており、夜は約15分に1度の間隔でマグマを吹き上げる様子が見られる。普段の噴火は住民の住む地域まで危険を及ぼすことはないが、時に約数km溶岩が流れる大きな噴火が起こることも。登山道があり、展望台のある標高290m地点までは個人で行けるが、それ以上は山岳ガイドが必須。ツアーに参加するのが安心。

## ストロンボリ火山
*Stromboli*

# ストロンボリ火山でトレッキング！

## マグマを実際に拝め大迫力！
### *Trekking sullo Stromboli*

日が暮れはじめたら、マグマが吹き出す瞬間を待つ。

　　活火山のストロンボリ（標高926m）の魅力を堪能するなら、トレッキングへ！ 残念ながら、近年の活発な噴火活動のため、安全対策により頂上付近まで近づくことが禁止に。2023年8月現在、山岳ガイド同行のツアーで行けるのは最大標高400m地点まで。でもその地点からでも大迫力な噴火を目にすることができるので、十分に価値ありです。ストロンボリ山の傾斜はかなりきつく、火山灰で足をとられやすいので、登山初心者にはなかなかシンドイですが、その分頂上に到着した時の感動はひとしお。天気がよければ、ほとばしるマグマがきれいに見えます。ここでは、ストロンボリ・アドベンチャーズ（Stromboli Adventures）のツアーをご紹介します。

火山灰に足をとられやすいので、トレッキングシューズは必須。

【トレッキングツアー概要】

350m地点と400m地点まで行くツアーがあるので、申し込み時にどちらにするかきちんと伝えましょう。ツアー出発前にツアー会社のオフィスにて、登録作業やツアーの出発時間、注意事項の説明などあり。日没の約3時間前（季節よって異なるが17時から18時頃）に出発。登山約2時間（途中何回か休憩あり）。頂上で約1時間休憩後、下山1時間～1時間半。

◎トレッキングシューズや水、リュックサックなど、登山に必要なアイテムは必須（ヘルメットは登録時に無料で貸してくれる）。ストックや防寒着などは、オフィス近くのショップでレンタル可能（有料）◎心臓や呼吸器疾患のある人の注意などの基本事項や免責事項が記載された書類にサインが必須

トレッキングは大変でも、ところどころに絶景ポイントが。

斜面に溶岩が流れて海まで到達することも。

頂上まで行けなくても、迫力ある噴火が見られる。

【ツアー問い合わせ先】
**Stromboli Adventures**

Via Roma, 17, Stromboli
📞090-986095
🌐 www.stromboliadventures.it
✉ guidestromboli@gmail.com
👣港から徒歩約8分

# 火山の噴火や夕焼けの絶景も楽しむ
## *Osservatorio* オッセルヴァトーリオ

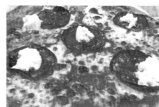

上・辛めのサラミとクリームチーズのピッツァは焼きたてを召しあがれ。／下・新鮮な地魚を使ったシンプルなグリルやマリネなどもおすすめ。／左・エオリエ諸島産のデザートワイン、マルヴァシアとともに味わってほしいティラミス。

Via Via Mulattiera Salvatore Di Losa, Stromboli
📞090-9586991
🌐 www.ristoranteosservatoriostromboli.com
🕐11:00〜23:00、無休（11月〜2月は未定）
MAP📍P.14[C-2]

　ストロンボリ島の活火山の中腹、火口から約600mに位置する唯一のレストラン・ピッツェリア兼バール。テラスからは、ストロンボリ火山の噴火を、夕暮れ時には海に溶け込んでいく夕日を堪能できます。日本よりも日没が遅いので、地元の人たちにならって夕焼けを楽しみながら食前酒とおつまみでアペリティーボはいかが？

　石窯で焼くピッツァをビールとともにカジュアルに、また魚介を中心としたエオリエ諸島特有の郷土料理を洗練されたシチリアのワインに合わせて、エレガントに味わえます。前菜、パスタ、メイン、デザートとワインのコースは、一人€50前後。魚介系のパスタはメニューも豊富で€16〜、ピッツァと飲みものなら一人€20ほどです。

上・天気がいい日には、かなりの確率でストロンボリ火山からマグマが噴出される様子を見ることができる。／下・夕陽が海に溶けていき、空がオレンジ色に染まっていく。

背後にそびえるストロンボリ火山は圧巻！

# 海と山に囲まれた絶景ホテル
## La Sirenetta Park Hotel
ラ・シレネッタ・パーク・ホテル

ホテルのすぐ前にはフィコ・グランデと呼ばれるビーチがあり、ストロンボリッキオという灯台のある小島が見えます。さらにホテルの後ろには、壮大なストロンボリ火山があり、ほかの場所ではなかなか体験することができないロケーションにある白いかわいらしいホテルです。

港からは少し距離がありますが、事前にリクエストすればカートで荷物とともに往復送迎してくれるので安心（有料）。ホテルのなかは緑がいっぱいで、まさに南国のホテルといった雰囲気。プールもあるのでビーチやトレッキングに行かない日はここでゆっくりするのも◎。

ホテルの横には併設のレストラン兼バーがあり、ビュッフェのランチや、海をながめながらのカクテルを楽しむこともできます。カクテルの種類もとっても豊富なので、いろいろ試してみて。

上・緑がいっぱいで花などもきれいに手入れされている。／下・のんびりできるプールと最高のながめ。

Via Mons. A. Di Mattina, 33, Stromboli
📞090-986025
🌐 www.lasirenetta.it
✉ info@lasirenetta.it
🛏 シングル€90〜、ツインまたはダブル€110〜／全55室
※10月中旬〜4月中旬休業
MAP 📍P.14[C-2]

左上・朝食からディナー後のカクテルまで味わえる併設のレストラン。／左下・ツインベッドやバスタブつきの部屋は要リクエスト。

# 世界中のVIPの集う美しい島
## *Isola di Panarea*
パナレア島

カートのような形をしたか
わいいタクシー。

エオリエ諸島最小で、もっともVIPが集まる島。夏は、有名な
俳優やサッカー選手などがこぞって訪れ、大きなヨットが停
泊しているのを見かけることもしばしば。ランペドゥーリ島やフ
ァビニャーナ島と並び、シチリア人達にとっても憧れの場所。
白を基調とした建物の別荘やホテル、あちらこちらに咲き乱れ
る色あざやかな花、カート風のタクシーなど、島内のなにもか
もがかわいいです。

エオリエ諸島のなかでも物価は高め。ホテルも高めなので、
島の雰囲気を日帰りで味わいたいならミニクルーズがおすすめ。
あくせく観光するよりはゆっくり景色を楽しんだり、おいしいもの
を食べてのんびり過ごしたい場所です。

MAP ♥ P.14[A-2]

### 島内の交通

🚗 カートのようなタクシー
（パナレア港からズィンマ
リの入り江まで約€20〜）
またはスクーターのレン
タル（料金はP.122参照）

リゾート地エオリエ諸島のなかでも、もっともリゾート感のある島。

# ズィンマリの入り江
## *Cala degli Zimmari*

📣　島で唯一の砂浜ビーチ。港
からは徒歩約30分。カート式タク
シーを使うと10分だが、景色を見
ながらプラプラ歩くのも楽しいも
の。砂浜の色から別名「赤のビー
チ」とも。夏のハイシーズンは人
がひしめき合うほど混み合う。

ヨットで海へくり出す人も多い。

# サン・ピエトロ地区
## *San Pietro*

📣　店やレストラン、ホテルなど
が集まるパナレア港の周辺地区。
山方面やビーチのほうへ向かうに
は、坂道や階段を上る必要がある。
多くのレストランは2階にあり、そこ
から港の景色を楽しみながら食事
できる。

海まで近いので潮風の匂いをより感じることができる。

## パナレアカラーのかわいいトラットリア

### Trattoria da Francesco
### Hotel EUNYMOS

トラットリア・ダ・フランチェスコ・ホテル・エウニーモス

　海まで近く、船やボートの行き来を間近で見ながら、おいしい
ものが味わえる店。内装はパナレア島の建物の定番カラーの白
と青を基調に統一。メカジキとアーモンドのパスタは、ボリュー
ムもたっぷりでシチリアらしい一品。そのほか、マグロを使った料
理が絶品で、とくにマグロのタリアータ、ゴマ風味（Tagliata di
Tonno al sesamo）やイカのマルヴァシア酒風味（Calamari
sfumati alla malvasia）はマスト。

　同じ建物内にはホテルも併設。港に面したテラスつきの部屋か
らは、パナレアの景色はもちろん、隣の島のストロンボリ火山まで
見えます。夜は星空の下、赤い噴火の様子が見えて神秘的です。

Lungomare Giuseppe Cincotta, Panarea／📞090-983023
🌐 www.dafrancescopanarea.com（トラットリア）
🌐 www.eunymoshotel.com/camere-eunymos-hotel.aspx（ホテル）
🕐12:45〜14:30、20:00〜22:30　※11月から3月は休業
🛏 1泊€70〜／全7室／MAP 📍P.14［A-2］

上から／色どりもあざやかなサラ
ダ。シチリアレモンを搾って。／マ
グロが絶品！タルタルなども日本
人におすすめ（裏メニューで注文
可能）。／白と青を基調とした外観
も素敵。／併設のホテルでは、天
蓋つきのベッドも。

おしゃれして出かけたい、シックな雰囲気のリストランテ。

# 島いちばんの老舗リストランテ
## *Ristorante Da Pina*
リストランテ・ダ・ピーナ

　店名にもなっているピーナさんが開いた店。1968年にはじめた頃はほんの小さな食堂でしたが、彼女の食に対する愛情と人柄によって、今では有名人もたくさん訪れるほどのパナレア島いちの人気店に。その情熱を受け継ぎ、現在店を切り盛りしているのは娘たち。オリジナルメニューにこだわっており、とくにナスとジャガイモのニョッキ（€25）は癖になる味。

　料理の味ももちろん絶品ですが、食べるのがもったいなくなるほどの素敵な盛りつけにも注目。シックな雰囲気のリストランテなので、少しおしゃれして出かけたい店。

Via San Pietro, Panarea／📞090-983032
🌐 www.ristorantedapina.com
🕐12:30〜15:00、19:30〜23:00、無休／MAP📍P.14[A-2]

上から／ロブスターのスパゲッティ。／スカンピと野菜のパスタは盛りつけも美しい。／オーナーおすすめのナスとジャガイモのニョッキはぜひ！

# Milazzo
ミラッツォ
## エオリエ諸島の出発点となる港町

ミラッツォ城壁内のパノラマスポットからのながめ。

町は夜遅くまで若者でに
ぎわっている。

　ミラッツォは、メッシーナ県に位置するかわいらしい港町。エオリエ諸島行きの多くの船が発着する場所ということもあり、夏はとくににぎやかです。自分が近くに住んでいるからというわけではありませんが、船に乗るためだけに通るのはもったいない！1泊してこそ価値がある場所だと思います。治安もいいので、女性のひとり旅でも安心です。

　最大の魅力は、飲食店のバリエーションの多さ。コスパのいいレストランがたくさんあるのもとても魅力的。ミラッツォっ子は、夜になるとバッチリおしゃれしてアペリティーボや夕食に出かけます。週末は夜遅くまでにぎわっています。

　見どころも多く、なかでも城壁地区に入り口のあるミラッツォ城は、ノルマンやスペインの足跡が残る混合建築で、城壁内の美しい旧ドゥオーモは必見。現在はミラッツォの町に新しいドゥオーモが建設されており、教会としての役割はありませんが、美しい佇まいは健在です。

ミラッツォ岬（Capo di Milazzo）には町いちばんの高台がある。

右・エオリエ諸島へ行く船が多く停泊する港。／右下・港近くに位置するミラッツォの役所は、1800年代後期に建てられた。／下・海に面した道路は遊歩道となっており、木陰のベンチもたくさんある。

🚌 パレルモからローカル線メッシーナ行きで約2時間半（€13.6）、メッシーナからはローカル線パレルモ方面行きで約20~30分（€4.6）。ミラッツォ駅から中心部までタクシーで約10分（€20～）。

🚌 メッシーナ駅前からミラッツォ港まで直行バス（Giuntabus社）で約50分、片道€4.2、往復€6.4（1時間に1~2本、日曜祝日は減る）
◎カターニア空港からミラッツォ港までの直行バス（Giuntabus社）あり（1日数本）。片道€15、往復€26（往復は当日限り）※夏季（6月～9月）は本数が増える。

テラス席も店内も落ち着いた雰囲気で、ゆったり食事を楽しめる。

# 旬の食材を最高の形で味わう!
## *Macchianera*
マッキアネーラ

　個人的にも月に1回は通っているリストランテ。味はもちろん、サービスも最高、本当におすすめの店です。英語メニューもあり、英語が話せるスタッフもいるので安心! 毎月変わったメニューが楽しみなのは、アミューズ。独特の感覚で開発されたメニューで、食欲がそそられます。

　前菜のなかでも地中海風お刺身（€30）は、口のなかでとろけるような甘エビやマグロのタルタルなど、その日の新鮮な魚によって内容が異なるイチオシの品。シチリア名物ナスのカポナータにタコ、ムール貝のフリットを添えた一品（€20）もやさしい味でホッとします。

　なにを注文してもハズレはなく、量も多すぎず、丁度いいのもうれしいポイント。手づくりパスタからメイン料理、スイーツまで、お腹と相談しながら、たっぷり味わってください!

月替わりのアミューズ。この日はマグロのミンチの黒いハンバーガー。

上・地中海風刺身の盛り合わせ。フルーツも添えられさわやか。／下・カモのフォアグラと生エビにアーティチョークが添えられた、ある日の特別メニュー。

Via Marina Garibaldi, 139, Milazzo
℡090-9223249
⏰19:30～00:00、無休
※11月～4月の冬季は金～日曜のみ。
ランチも営業（12:30～14:30）
MAP 📍P.11[A-1]

店の入り口付近にはソファもあり、食前
食後にくつろげる。

# 繊細でクリエイティブな料理を味わう
## *Balìce* バリチェ

　店内の雰囲気、サービス、料理、どれをとっても自信を持っておすすめできる大好きなレストランです。

　インテリアもとてもおしゃれで、キッチンはガラスで仕切られており、調理の様子をながめることができます。緑の多い店内はリラックスできるように演出されていて、まるで庭にいるよう。

　料理は常に旬の食材を使い、クリエイティブで見た目も美しく、味も繊細なものばかり。魚介とお肉がバランスよくメニューに取り入れられており、季節によって定期的に変わりますが、なかには定番メニューも。店の名前がついているタッリオリーニ・バリチェ（€20）はスモークバターとライムの香りが印象的な一品。

　テイスティングメニューは、4品、5品、8品のものがあり（€60〜）、いろいろな料理が味わえます。

上・名物のタッリオリーニ・バリチェ（€20）。／下・イワシのローストと黒ニンニクのバーニャカウダ。

左・やわらかいビンナガマグロのステーキ。／上・若手シェフが手がける絶品料理。

Via Ettore Celi, 15, Milazzo／☎090-7384720
🌐 www.baliceristo.com／✉ info@baliceristo.com
🕐12:30-14:30（土曜、日曜のみ）、19:30-22:30、火曜休
※2月、3月休業の場合あり／MAP 📍P.11[C-1]

改装されたばかり
のきれいな店内。

## 港近くのバールでおいしいお菓子を
## *Scotch Bar* スコッチ・バール

左・イタリアらしい定番の朝食、カプチーノとコルネット。／右・シチ
リア名物、グラニータとブリオッシュのセットは€4〜。

Via Cassisi, 2, Milazzo／📞090-9282106
🕐6:30〜00:00、無休／MAP 📍P.11[B-1]

ミラッツォの港の近くにある、いつ
も地元のお客さんでいっぱいのにぎや
かな老舗バール。船の待ち時間に利
用するのも◯。看板には「Scotch
Café」とあるように、とくにスイーツ
が絶品で、シチリア特産のカンノーロ
やカッサータ、グラニータとブリオッ
シュはぜひ試していただきたいです。
ショーケースには常にきらびやかなド
ルチェが並ぶので、気になったものを
指さして注文してみましょう。

## レトロなデザインの
## おしゃれカフェ
## *Totù* トトゥ

　朝食からディナーまで、カフェごはんが楽しめる場
所。絶品のポルケッタ入りのパニーノからタコスまで、
おいしいものがたくさんで選ぶのに困ってしまうほど。
パンケーキやティラミスなどのスイーツもおすすめ。

　カクテルはもちろんのこと、クラフトビールやワイン
の品揃えがいいのも魅力的です。夜はライブミュー
ジックやイベントが行われることも多々あり。地元の
人に混じって楽しい時間を過ごしてみては?

左上・プリプリのエビが食欲をそそる。／右上・
ホットチョコレートは冬におすすめ。／左下・ベ
リーのソースつきのパンケーキ。／右下・パニー
ノにはポルケッタとジャガイモ、チーズが入
っていて€13。

Via XX Settembre, 21/23, Milazzo／📞090-9015653
🕐7:00〜翌02:00、無休 ※夏季と冬季にそれぞれバカンス休業あり／MAP 📍P.11[B-1]

貴族のお屋敷でエレガントな滞在
# I Principi di Casador House Hotel
イ・プリンチピ・ディ・カサドール・ハウス・ホテル

部屋のカラーと内装はそれぞれ異なる。

1800年代の貴族のお屋敷を改装。

ミラッツォの海沿い、港から徒歩で行ける絶好のロケーションに位置するホテル。歴史ある貴族の建物を近年改装したもので、ラグジュアリーに、そして暮らすように滞在をしたい人におすすめです。エオリエ諸島行きのフェリー乗り場までも徒歩8分なので、前日ここで一泊するのもいいでしょう。また、ミラッツォの中心にあるのでショッピングや散策なども楽しめます。オーナーのニーノさんは気さくなシチリア人で、英語とスペイン語も堪能！ホテルは全4部屋のスイートルームとなっており、ダブルベッドが2つあったり、ソファーベッドがあったりと、ひと部屋に4～5人まで宿泊できます。シービューの部屋を希望の人は予約時に指定を。ホテル内には屋内プールやミーティングルームもあり、リラックスした滞在ができます。

共有スペースにある室内プールでのんびり。

上・すべての部屋が寝室とリビングルームに分かれている。／下・リビングスペースも広々としており、ゆっくりくつろげる。

Via Marina Garibaldi, 37, Milazzo
📞380-1099129（携帯）
🌐 www.principidicasador.com
🛏ダブルのシングルユース€79～、ダブルまたはツイン€89～（朝食付き）／全4室
MAP 📍P.11[B-1]

園内の中心広場に面しており、なかにはコーヒーやランチを楽しめスペースがある。

## 大自然のなかで芸術と伝統を体験

# Parco Museo Jalari

パルコ・ムゼオ・ヤラリ

　35ヘクタール（東京ドーム約7.5個分）の広大な文化体験型テーマパーク。42ものシチリアの伝統的職業の工房や2000以上の彫刻が見学でき、有料のガイドつきツアーもあります（イタリア語または英語・要予約）。

　彫刻作品は、アメリカやアルゼンチンで展覧会を行った経験もある有名芸術家、マリアーノ・ピエトリーニ氏（Mariano Pietrini、2017年没）によるもの。南イタリア最大と言われる1500㎡にわたる配置の規模には驚かされます。マリアーノは思想家でもあり、彫刻それぞれに哲学、言い伝えなどにテーマを持たせています。とくに愛や家族をテーマにしたものは必見。混乱の道からはじまり、夢の道で終わるように名づけられた道を通して、「人生とは、混乱からはじまり、苦しみや愛、考える時を経て、素晴らしい時間へとたどり着く」という教えを

上・カトリックの7つの大罪のひとつ、貪欲さを表した彫刻。／下・創設者である芸術家マリアーノさん。園内の彼の絵画ギャラリーもチェック！

右・天気のいい日はエオリエ諸島まで見わたすことができる。とくに夕焼けがおすすめ。／下・お祭り中は、伝統衣装を身に着けた踊り子たちがシチリア民謡に合わせて優雅に舞う。

表しています。園内には、絶景スポットも多数。

　音楽祭や映画祭、ブドウ収穫祭などのイベントも多く、祝日には手づくりのおいしいランチ（コースメニュー）とシチリア民謡が満喫できます。軽ランチの予約は個人でも可能。2023年より創設者マリアーノ・ピエトリーニ氏の工房が改装され、芸術にどっぷり浸かりながら、絶景のなかでリラックスできるプールつきの素敵なバケーションハウスDimora D'arteに宿泊することも可能となりました。

上から／ベッドのヘッドボードをはじめ、アートに囲まれた部屋。／朝食に使われる食器類もおしゃれ。／エオリエ諸島まで見渡せる絶景を楽しみながらプールでリラックス。

Contrada Jalari Frazione Maloto, Barcellona Pozzo di Gotto／📞090-9746245／🌐www.parcojalari.com
🕐入場可能時間は月によって異なります。／4～5月・土日曜のみ営業10:00～13:00(土曜)、10:00～13:00、15:30～18:00(日曜)／6月・09:30～12:30(火曜～金曜)、10:00～13:00、15:30～18:00(土日曜)／7月・10:00～13:00、15:30～19:00(火曜～土曜)、15:30～19:00(日曜)／8月・10:00～13:00、17:00～20:00(火曜～土曜)、15:30～19:00(日曜)／9月・10:00～13:00、16:00～19:00(火曜～日曜)／10月～12月・土日曜のみ営業 09:30～13:00、15:00～夕暮れまで／いずれも月曜休み、1～3月は休業
💶大人€8、18歳以下€5、12歳以下無料(大人同伴の場合) ◎ガイドつきのツアーは、メールで事前予約を！
✉info@parcojalari.com ※希望によっては日本語通訳をつけることも可能
🚗ミラッツォから車で約30分／MAP📍P.12[C-1]

【宿泊施設情報】Dimora d'Arte Mariano Pietrini (ディモーラ・ダルテ・マリアーノ・ピエトリーニ)
　　　　　　　住所は上記と同じ／📞349-5807960(携帯)／🌐www.dimoradartemp.com
🛏€230～(ダブルルーム、朝食付き)／全4室

園内でパワースポットとされる場所に設置されたマリア像。見ているだけで心が清らかになりそう。

# アグリツーリズモでめぐるシチリア

アグリツーリズモ（Agriturismo）とは、イタリア語でAgri-（農業の）+turismo（観光）で、「農場滞在型観光」の意味。昔は農場や牧場を経営する家族が宿泊施設を改装し、観光客に部屋を貸しながら農業や自然を体験してもらう、という簡単な宿泊施設が主でした。現在では、田舎に滞在するホテルのような豪華施設も多くなっています。

自然あり、おいしい食事あり、かつアットホームで、魅力的な場所も多いので、ホテルやB&Bとは違った、自然にどっぷり浸かりながらの滞在が楽しめます。ここでは、シチリアの2つのとっておきアグリツーリズモをご紹介します！

## アーモンドの木に囲まれて過ごす

## *Mille Mandorli* ミッレ・マンドルリ

バロック都市として有名なシチリア東部のノート郊外にあります。ミッレ・マンドルリとは、イタリア語で「1000本のアーモンドの木」という意味。その名のとおり、施設の目の前に広がる庭には見渡す限りのアーモンドの木。実際は600本らしいのですが、ミッレ・マンドルリという言葉の響きと、もしかしたら将来的に増えて1000本になるかもしれない、という思いを込めて名づけたのだそう。

ほかのアグリツーリズモと違ってレストランはありませんが、各部屋はキッチンつきで好きなものを調理できます。朝食はオーナー夫妻の手づくりをふるまってくれます。

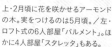

上・2月頃に花を咲かせるアーモンドの木。実をつけるのは5月頃。／左・ロフト式の6人部屋「パルメント」。ほかに4人部屋「スタレッタ」もある。

右・朝食には敷地内で採れた果物を使用した自家製ジャムやケーキも登場。

絶品の手づくりアーモンドケーキ。

Contrada Maccari, Noto／📞347-9250500
🌐 www.millemandorli.it
🛏2人€80〜、3人€120〜、4人€140〜／全2アパートメント
🚗ノートから車で約25分／MAP 📍P.5

# エトナ山の麓でリラックス

## *Agriturismo Galea* アグリツーリズモ・ガレア

タオルミーナとカターニアの間、エトナ山の麓にある素敵なアグリツーリズモ。園内はレモンの木を中心に緑がいっぱい。子どもが遊べる公園スペースやプールも完備と、子連れの旅にはもってこいの環境です。プールサイドではサラダやパニーノなどの軽食や飲みもののオーダーも可能。レストランでは自家製野菜をたっぷり使った地元特産料理を味わうことができます。

昔ながらの農家の住まいを改装しており、インテリアもいい意味で田舎感が満載。田園風景に囲まれながらのんびりした滞在が楽しめます。自転車の貸し出しもあるので、サイクリングを楽しむのもいいかも。

お天気のいい日にはプールで1日のんびり。

Strada 4 Provinciale per Riposto,
16 e 21, Riposto
📞095-6781756
🌐 agriturismogalea.it
🛏ツイン€70〜、トリプル€90〜／全11室
MAP📍P.5

上・まわりは緑が多く、景色も楽しむことが。／左・客室の内装はシンプル。／右・ロフトつきの部屋は5人まで滞在可。

左・朝食は卵料理からスイーツまでたくさんの種類が。／右・朝食会場。夜はレストランとなり郷土料理が味わえる。

# マンマ直伝! 手軽に本場の味を!
## シチリア料理レシピ

ここではシチリアのマンマ直伝のレシピをご紹介。
料理教室も開いているシチリア在住のアガタさんと、
サンティーナさん(P.163)が、日本で手に入る食材でつくれる
シチリア料理を教えてくれました!

### アガタさんの料理教室
2〜3品で一人€160〜(人数により異なる)。「魚介料理
をつくりたい!」などリクエストに応じてくれる。英語可。
✉ taormina.cooking@gmail.com

## *Caponata* カポナータ

ナスをメインにトマトソースで煮込むシチリア
のカポナータは、甘酸っぱい味つけでパンや
ブルスケッタによく合います。語源は、すぐに
提供できる料理をおいている「居酒屋」を意
味するラテン語の「カウポーナ」。決まったレ
シピはあまりなく、ジャガイモやパプリカを入れ
る人も。今回紹介するのは、パレルモのあた
りで定番のレシピです。

| 材料(4人分) | |
|---|---|
| 米ナス(大) | 4個 |
| グリーンオリーブ(種抜き) | 100g |
| 松の実 | 大さじ1 |
| ケーパー | 大さじ1 |
| レーズン | 大さじ1 |
| セロリの茎 | 20cm |
| トマトソース | 300ml |
| ※作り方は、P.161のレシピ②③参照 | |
| 玉ネギ(中) | 1/2個 |
| バジルの葉 | 少々 |
| Ⓐ 白ワインビネガー | 1/2カップ |
| 砂糖 | 大さじ1 |
| 塩、コショウ、エキストラバージンオリーブオイル、サラダ油(ナスを揚げる用) | 各適量 |

❶ナスを角切りにし、塩をつけて水分を抜く(塩をふった
後、上から重石をのせて約30分放置)。水分が抜けた
ら、水洗いして塩を落とし、キッチンペーパーで水けを
とる。小さく切ったセロリを小鍋で茹でる(茹で汁は捨
てずにとっておく)。

❷深めのフライパンにサラダ油を熱し、約190度でナス
をカラッと素揚げする。

❸別のフライパンにオリーブオイルを強火で熱し、あら
かじめみじん切りにしておいた玉ネギをじっくり炒め
る。野菜がしんなりしはじめたら、松の実、レーズン、ケー
パー、茹でたセロリ、グリーンオリーブを加えて軽く
混ぜ合わせる。

❹③にトマトソースを加えてしばらく煮詰めたら、Ⓐを加
え、塩・コショウで味を調える。さらにバジルを加え、今
度は弱火でじっくり煮込む。冷やすと塩味が濃く感じ
られるので、「少し薄いかな」程度の塩加減にとどめて
おくこと。

❺②のナスを入れ、蓋をして約10分煮込み(煮詰めすぎ
た場合は、セロリの茹で汁を少々加える)、粗熱をとる。
さらに冷蔵庫で冷やし、味をみて調える。

シチリア版の野菜
の煮込み、カポナー
タは前菜の定番。

160

# Parmigiana di Melanzane
### ナスのパルミジャーナ

　パルミジャーナはとくに南イタリアの伝統料理とされています。地方や人によって、使う素材やレシピがそれぞれ違います。例えば、普通はナスを使いますが、ズッキーニやアーティチョーク、ジャガイモなどを使うレシピもあります。

揚げナス、チーズ、トマトソースの重ね焼きが口のなかでとろける。

**材料**（4人分）
米ナス（大）……………………………2個
トマト ………………………………600g
ニンニク ………………………………1片
バジルの葉 ……………………………適量
固めのゆで卵（好みで）………………2個
プローヴォラ（ナチュラルチーズの1種。
　市販のとろけるチーズで代用可）…適量
ハム ……………………………………4枚
塩、サラダ油（ナスを揚げる用）、
　エキストラバージンオリーブオイル、
　パン粉 ………………………………適量

⑤で食材を重ねていく際、筒状の型などで囲うときれいに重ねられる。

❶ナスを5mm程度の厚さに輪切りりする。塩をつけて水分を抜く（塩をふった後、上から重石を載せて約30分放置）。

❷①を待つ間にトマトソースをつくる。ヘタをとって手頃な大きさに切ったトマトを、深めの鍋に入れて弱火にかけ、木ベラでトマトを軽く潰しながら、塩ひとつまみを加え、弱火で煮込む。

❸約30分煮込んだら火を止め、こし器でこす（こし器がない場合はザルで代用可）。その後、再度鍋にオリーブオイルとニンニク1片、バジルとトマトソースを入れて約10分煮込む。最後にニンニクを取り出せばソースは完成。

❹水分を出したナスをキツネ色になるまで揚げる。カラッと揚がったら、余分な油をキッチンペーパーでふき取る。

❺耐熱皿にトマトソースを軽く敷き、ナス、ハム、ゆで卵（小さく切る）、プローヴォラの順に重ねる。これを何段か繰り返していく。

❻最後の段の表面に、トマトソース、プローヴォラを好みの量のせ、パン粉をふりかける。

❼約180度に予熱したオーブンで約20分焼く。表面に焦げ目がついたら、取り出す。

# Involtini di Mamma Agata
アガタお母さんの肉巻き

具を巻いた薄切り肉に竹串を指すアガタさん。

シチリア料理になにかとよく使われるパン粉。肉巻きや野菜ロールの具はパン粉をベースにしたものでつくられていることが多いです。昔、お金がなくて食料が買えない人がパン粉を使った料理を食べてお腹を膨らませていたという歴史からきているのだとか。この料理は、定番の家庭料理です。

## 材料 (4人分)

| | |
|---|---|
| 豚あるいは牛肉の薄切り ‥‥‥ | 400g |
| ペコリーノチーズ<br>（甘めのプロセスチーズで代用可）‥‥‥ | 150g |
| 玉ネギ(中) ‥‥‥‥‥‥‥‥‥‥ | 1個 |
| パン粉 ‥‥‥‥‥‥‥‥‥‥‥ | 200g |
| 粉パルメザンチーズ ‥‥‥‥ | 50g |
| バター（エキストラバージン<br>オリーブオイルでも代用可）‥‥‥‥‥ | 適量 |
| ローリエの葉 ‥‥‥‥‥‥‥‥ | 20枚程度 |
| 塩、コショウ‥‥‥‥‥‥‥‥‥ | 適量 |

なかのチーズが溶け出すことがあるので、串ごとに一定の間隔をあけて並べる。

❶肉に塩、コショウをふり下味をつける。玉ネギはくし型に切っておく。パン粉は粉パルメザンチーズと混ぜておく。

❷適度な大きさに切った薄切り肉に、角切りにしたペコリーノチーズを適量包んで巻く。

❸串に②の肉巻き（包み終わり部分を下にして留める）、ローリエ、玉ネギの順に刺す。

❹③を溶かしておいたバターに、パン粉とパルメザンチーズを混ぜたもの、の順にくぐらせる。

❺天板に並べて180度に熱したオーブンで焼く、あるいは約10分グリルする。

このままでも十分においしいが、マヨネーズやバーベキューソースをつけても◎。

# Crostata di Ricotta
リコッタチーズのタルト

ミラッツォ近郊在住のサンティーナさんはお菓子が得意。魚介料理も定評がある。

　シチリアのお菓子では定番のフレッシュ・リコッタチーズを使ったタルト。リコッタチーズのクリームは、カンノーロやカッサータなど伝統的なお菓子にも登場します。ri（再び）cotta（煮た）という意味で、乳から乳脂肪分やカゼインを除いたホエー（乳清）を煮詰めてできるフレッシュチーズ。ドライレーズンやチョコチップなどトッピングは好みで。

| 材料（直径22〜23cmタルト型1台分） | |
| --- | --- |
| 薄力粉……………………………350g | |
| 砂糖………………………………150g | |
| 卵（Mサイズ）……………………3個 | |
| 無塩バター………………………150g | |
| リコッタチーズ　………………350g | |
| 粉砂糖……………………………100g | |
| シナモン …………………………適量 | |
| バニリン（バニラエッセンスでも可）…… 適量 | |
| レモンの皮 ……………………1個分 | |
| オレンジの皮 …………………1個分 | |
| ラム酒 ……………………………少々 | |
| チョコチップ　…………………適量 | |
| スライスアーモンド……… 少々（飾り用） | |
| 塩…………………………………適量 | |

❶バターを小さなサイコロ状に切っておく。薄力粉をふるっておく。卵2個を卵黄と卵白に分けておく。

❷ボウルに薄力粉とバターを入れて、指先を使ってサラサラの状態になるまですり合わせる。

❸②のボウルに塩ひとつまみと砂糖、卵（全卵1個分と卵黄2個分）、レモンの皮を削ったものを入れて手で混ぜ合わせる。

❹生地がまとまったらラップに包み30分以上冷蔵庫でねかせる。オーブンを180度に予熱しておく。

❺その間にリコッタクリームをつくる。卵2個分の卵白に塩を少々入れて泡立てたメレンゲをリコッタチーズに混ぜる。

❻⑤に粉砂糖、オレンジの皮を削ったもの、シナモン、バニリン、ラム酒、チョコチップを加え、泡立て器でよく混ぜる。

❼冷蔵庫から取り出した④の生地を2つに分け、1つはタルトの台にするので5mmぐらいの厚さの円型にのばしてバター（分量外）を塗ったタルト型に敷き詰める。

❽台となる生地の円の縁2cmを除き、リコッタクリームを均等に塗る。

❾5mmの厚さにのばした生地を、2cm幅のリボン状にしてタルトの表面を格子に飾り、最後に格子の端を隠すように円の縁にリボン状の生地をのせてしっかりとめる。

❿スライスアーモンドを散らし、ときほぐした卵（1個分、分量外）を刷毛で表面に塗り、オーブンで約30〜45分焼く。

シチリアでは羊のものが多いが、牛のリコッタでもOK。

簡単なのにおいしく見栄えもいいので、お呼ばれの際に持って行くとよろこばれそう。

**サンティーナさんの料理教室**

自宅での料理教室は3品で一人€150〜（人数により異なる）。ミラッツォからの送迎は無料。英語可。
✉ santinasottile0812@gmail.com

# シチリア旅のヒント

## ◎日本からシチリア島へ

### 【飛行機】

　シチリア島へは、島内の主要空港パレルモ、または
カターニアから飛行機で入るのが一般的。日本からシ
チリアへの直行便はないので乗り継ぐことになります
が、ヨーロッパ各地からシチリアへの便があるほか、
ローマから両都市へはITA Airwaysをはじめ多くの便
が運航されており、同日到着も可能です（羽田空港か
らローマまで約14時間45分、ローマからパレルモま
で約1時間10分）。※2023年10月現在、ロシア上空
を飛行できないため＋2時間程度となっています。

　近年は、ライアンエアーなど格安航空会社もありますが、
荷物の制限やオンラインチェックインなど、なにかと
複雑な点が多いです。

### 【鉄道】

　イタリア各地から鉄道（トレニタリア）で入る場合
は、シチリア島北東部のメッシーナが玄関口。イタリ
ア半島のブーツの形のつま先部分にあたるカラブリア
州の先端、ヴィッラ・サン・ジョヴァンニ（Villa San
Giovanni）で電車の車両が1両ずつ切り離され、車両
ごとフェリーに積み込まれます。メッシーナ到着時に
車両が再び連結され、パレルモ（メッシーナから3〜
4時間）・トラーパニ方面とカターニア・シラクーサ（メ
ッシーナから2時間半〜4時間）方面に分かれます。
ローマからメッシーナまでは、特急のインターシティ
（InterCity：IC）で約8時間。ローマとパレルモを結ぶ
ICは、上り下りともそれぞれ1日4本と少ないので注意
（距離にして679km！）。

◎Trenitalia　⊕ www.trenitalia.com

## 【船（フェリー／高速船）】

　主な港はパレルモ、カターニア、メッシーナ。パレ
ルモ行きはイタリア半島のナポリ（約10時間半）やチ
ビタベッキア（約14時間）、ジェノヴァ（約21時間）な
どから、カターニア行きはナポリ（約12時間）、隣国
のマルタ共和国（約4時間15分）、メッシーナ行きは
ヴィッラ・サン・ジョヴァンニ（高速船で約20分）、レ
ッジョ・カラーブリア（高速船で約30分）、サレルノ
（約9時間）から出ています。

## ◎パレルモ空港から市内へ

### 【シャトルバス】

　パレルモ空港から市内まではシャトルバスで約40
〜50分。ジュリオ・チェーザレ広場（パレルモ鉄道駅
前）の終点まで、リベルタ通り、ポリテアマ劇場前など
に停まります。空港からパレルモ市内行きは5:05から
1:05まで30分に1本、パレルモ中央駅前からパレルモ
空港行きは4:00から22:20まで30分に1本。チケット
は以下のサイトから購入できるほか、バス内の運転手
か停留所にいる係員から直接購入します（片道€6.5、
往復€11。※オンラインで購入の場合割引あり。）

◎Prestia e Comandè
　⊕ www.prestiaecomande.it

### 【タクシー】

　空港からタクシーを利用する場合は、事前に値段
の確認を。市内までは約30〜40分、運賃は€55〜
100です。

　イタリアのタクシーは白色で、上部にTAXIの看板
がついています。乗車時は、きちんとメーターが動い
ていることを確認してください。イタリアでは流しのタ
クシーは存在せず、空港、駅前、街中にあるタクシー
乗り場にしか（ホテル前にいる場合もありますが）待機
できないことになっています。

　最近では、タクシーの運転手による過剰請求やチッ

プの強制など、通常よりも高い料金を請求される場合
も。不安なら、ホテルを通じて車手配、または専用車
手配の会社に事前に問い合わせておくと安心かもしれ
ません。私の経験上、空港や鉄道駅に停まっているタ
クシーは、運賃が高めの印象があります。

## ◎ シチリア島内の移動

### 【バス】

　シチリア島内の移動は、路線網の多いバスがおす
すめ。大小多くのバス会社が運行しています。
　サイス（SAIS）社のバスは、パレルモ・カターニア
間（片道€14、往復€24）、パレルモ・メッシーナ間
（片道€14、往復€24）、カターニア・メッシーナ間
（片道€8.4、往復€13）をつなぎます。 パレルモとメ
ッシーナは鉄道駅のバスターミナルへ、カターニアは
鉄道駅近くのターミナルと空港の両方に停車するので、
非常に便利。カターニア市内のバスターミナルとタオ
ルミーナやシラクーサ間はインテルブス（Interbus）社
のバスが運行しています。いずれもチケットは当日バ
ス乗り場か、以下のサイトから購入します。なお、日
曜祝日は大幅に本数が減るので要注意。ちなみに車
内にはトイレを完備しています。

◎SAIS 　⊕ www.saisautolinee.it
◎Interbus 　⊕ www.interbus.it

### 【鉄道】

　シチリア島内の主要都市にはトレニタリアの特急の
ICとローカル電車（Regionale：R）が運行しています。
利用者の少ない駅ではチケットを販売していないこと
もあるので、田舎に行く場合はとくに、事前にHPで
チケットを予約しておいた方が無難。乗車前に自動販
売機や窓口で切符を受け取り（※）、駅構内やホーム
にある刻印機で忘れずに刻印（convalida）を。駅に
改札はありません。忘れたまま乗車すると、多額の罰
金が科せられます（オンライン購入のEチケットなど、
利用する日付や時間、指定席番号などが記載されて

いるチケットの場合は不要で、車内で車掌に提示を要
求された場合にQRコードを提示する）。ただし、オン
ライン購入のEチケットは、サイトからオンラインチェ
ックインの必要あり。また、ローカル線では車内で到
着駅のアナウンスがないことが多いので、不安なら車
掌や乗客に確認しておくと安心です。

※チケットの受け渡し方法（Consegna Biglietti）がチケッ
トレス対象となるICなどの場合は、予約コード（PNR）を控え
ておくこと（RはSelf Serviceのみ）。

> ◎シチリア島では、レンタカーの利用はあまりおす
> すめしません。道は一方通行が多く、車両通行禁止
> 地区などがある街中は外国人にはハードルが高い
> ように思います。シチリア人は、運転もなかなか荒い
> です。海外での運転によほど慣れている人以外は、
> レンタカーの利用は見合わせたほうがよいでしょう。

### 荷物預け窓口について

　イタリアの駅にはコインロッカーはほぼありません。
主要駅には荷物預け窓口（Deposito Bagagli）があ
ることもありますが、シチリア島内では数駅のみ（パレ
ルモ中央駅、カターニア中央駅、シラクーサ駅、アグ
リジェント駅など）。なおパレルモ中央駅は駅に預か
り所がありますが、シラクーサは駅ではなく、駅を出
て左右にあるバール（有料）。主要駅以外は、チケッ
ト売り場ですら無人のことが多いので、荷物はなるべ
くホテルに預けて身軽に行動するのが◎。

### エトナ山周遊鉄道
(Ferrovia Circumetnea：FCE)

　エトナ山麓周辺111kmをディーゼル車1〜2両
編成で時速30〜40kmで約3時間半かけて一周す
る、1898年開通の歴史ある鉄道。始発はカターニ
ア・ボルゴ駅、終点はジアッレ・リポスト駅。終点ま
で行くのは1日2便で、途中のランダッツォ駅止まり
もあるため乗車前に確認を。ボルゴ駅まではカター
ニア中央駅から地下鉄（全6駅の路線で運賃は一
律€1）で約15分、4駅め。ややわかりにくいですが、
場所によっては美しいながめが楽しめるので、時間
のある方はぜひ！

◎FCE 　⊕ www.circumetnea.it

## ◎ お金

　イタリアでは近年、商店やレストラン、ホテルなどでクレジットカードの支払いを可能にすることが義務づけられています。そのため、ほとんどの店やホテルでは普通にクレジットカードが使えます。ただし少額の場合、クレジットカードはいやがられたり、あるいは「今使えないから現金で」といわれることもあるので、大金を持ち歩くことはおすすめしませんが、多少の現金は用意しておいたほうがいいでしょう。VISAとMasterCardが確実ですが、最近はAMEXやJCBも普及しつつあります。念のために複数のクレジットカードを持っていると安心です。

　「日本円からユーロへの両替は現地で」と考える人も多いですが、それは絶対に間違いです。こちらの両替所での手数料はとても高め。郵便局や銀行での両替手数料は低いですが、レートはかなり上乗せされている場合が多いです。あらかじめ必要な現金を計算し、日本から両替していくことをおすすめします。現地で現金が必要になった場合は、両替するよりも、クレジットカードでキャッシングをしたほうがお得です。

## ◎ 水

　イタリアでは、基本的に水道水は飲みません。飲めないわけではありませんが、硬水で石灰を多く含んでおり、身体によくないとされています。一般的にはペットボトルのミネラルウォーターを飲みます。500mlのミネラルウォーターをバールで買う場合は€1.0〜2.5、スーパーで買う場合は€0.3〜くらい。ミネラルウォーターには、ガスなし（Naturale）とガス入り（GassataまたはFrizzante）があります。

## ◎ トイレ事情

　シチリア島では、公衆トイレはとても少ないです。あっても有料（€0.5〜1.0程度）のところがほとんど。それ以外はバールなどの店で借りるしかありません。トイレを借りるだけでは失礼なので、水を購入ついでにトイレを使わせてもらいましょう。トイレットペーパーがないところが多いので、持ち歩くのがベター。また、イタリアのトイレは便座がないところも多いので、驚かないように！（一般的には腰を浮かして用を足します）

## ◎ Wi-Fi環境

　ホテルやB&Bでは、Wi-Fiは部屋代金に含まれている場合が多いです。チェックイン時にパスワードなどの必要情報を聞きましょう。レストランやカフェなどでもWi-Fiを自由に繋げる場合が多いので、パスワードを店員に確認しましょう。

## ◎ スーパー、コンビニ事情

　シチリア島には、コンビニはありません。普通のスーパーはだいたい朝8〜9時頃に開店、20時頃閉店します。昼休憩の間閉まるスーパーもあるので要注意！

### シエスタについて

　シチリアには、シエスタ（お昼寝タイム）という習慣があります。店は、13〜13時半に一旦閉められ、16時半〜17時頃に再度開店します。スーパーマーケットでもこのシステムが導入されている場合が多いです。理由としては、夏にもっとも気温が上がるこの時間帯に働くことを以前禁止されていたからだとか。タオルミーナやエオリエ諸島などの観光地は、夏でもシエスタを導入せずノンストップで営業する店が多いです。

## ◎ 電圧とプラグ

　イタリアの電圧は220V、周波数は50Hzなので、日本の電化製品は、変圧器を使用しないと使えません。ただし、近年パソコンやデジカメ、携帯電話の充電器は、世界中の電圧に対応している（100〜240V）ので、プラグを変えるだけで使用できます。イタリアの電圧に対応しているかどうか、メーカーに確認するのがベター。対応していないものをうっかり差し込んでプラグから煙が出てきたという怖い話も。コンセント形状は、Cタイプが一般的です。

## ◎ 気候

　地中海性気候のシチリア島には、日本同様四季があります。夏は日本よりも暑く湿度は低めで日陰に入ると涼しいくらい、冬はあたたかい印象です。ただし日差しがとても強いので、とくに5〜9月は、帽子や日傘の日よけ対策は必須です。おすすめは4〜10月。海は気温が高ければ、10月末まで楽しめます。なお、タオルミーナやエオリエ諸島はリゾート地なので、6〜10月上旬がもっとも混み合います。

## ◎ 治安

シチリア島は、マフィアのイメージで治安が悪いと思われがちですが、マフィアが観光客に悪さをすることはありません(P.9参照)。ただし、パレルモやカターニアなど大都市は、スリやひったくりなどの軽犯罪は多発していますので、人通りの少ない道は避ける、道路側をボーッと歩かないなど、最低限の注意は必要です。

なお、シチリア島内に日本大使館や領事館はありません。緊急時は、ローマの在イタリア日本大使館に連絡しましょう(パスポート紛失時は領事部へ)。

---

**在イタリア日本大使館**
(Ambasciata del Giappone)

☎06-487991
http://www.it.emb-japan.go.jp/index_j.htm
🕘9:15〜13:15、14:15〜17:00(土日曜休)※領事部は9:30〜12:45、14:15〜16:30(土日曜休)

---

## ◎ カターニア空港利用時の注意事項

カターニア空港は、ヨーロッパいちの活火山エトナの近くに位置します。そのため、エトナ山の活動が活発な時期や噴火があった際は、火山灰の影響で飛行機の発着が困難な状況になることがあります。頻繁に起こることではなく、半日以下の閉鎖の場合も多いので、そこまで心配する必要はありません。万が一、カターニア空港の滑走路が閉鎖になった場合は、パレルモ空港など近郊の空港から振替便が出ます。空港あるいは航空会社からの指示に従ってください。

## ◎ 喫煙のマナー

イタリアでは2005年1月より「禁煙法」が施行されています。美術館、博物館、飲食店などすべての屋内・公共の場での喫煙は禁止です。空港でもゲート付近に喫煙所のない空港もあるほど。鉄道の車内は全面禁煙、駅は一部喫煙可能のエリアもあります。ホテルはロビーや廊下は禁煙。部屋も基本的には禁煙。バルコニーやベランダでは喫煙可能(「禁煙」はイタリア語で「VIETATO FUMARE(ヴィエタート フマーレ)」)。違反すると罰金が科せられます。

イタリアではタバコは18歳から。タバッキの外の自動販売機などで買えますが、値段は日本より高め。

## ◎ シチリアの祝祭日

イタリアの一般的な祝祭日に加え、シチリア島内各町の守護聖人を祝う祭りの日は以下の通り。その町に限って祝日となります(赤字がシチリアの祝祭日)。

| | |
|---|---|
| 1月1日 | 元旦 |
| 1月6日 | エピファニーア(公現祭) |
| 2月5日 | サンタ・アガタ祭(カターニア) |
| 3月31日 | 復活祭(2024年)* |
| 4月1日 | 復活祭翌日(2024年)* |
| 4月25日 | イタリア解放記念日 |
| 5月1日 | メーデー |
| 6月2日 | 共和国建国記念日 |
| 7月9日 | サン・パンクラツィオ祭(タオルミーナ) |
| 7月15日 | サンタ・ロザリア祭の日(パレルモ) |
| 8月15日 | 聖母被昇天祭 |
| 11月1日 | 諸聖人の日 |
| 12月8日 | 聖母受胎祭 |
| 12月13日 | サンタ・ルチア祭(シラクーサ) |
| 12月25日 | クリスマス |
| 12月26日 | 聖ステファノの日 |

*移動祝祭日

---

## シチリアが舞台となった主な映画とそのロケ地

| | |
|---|---|
| 『ストロンボリ/神の土地』(1949) | ストロンボリ島(Isola di Stromboli) |
| 『ゴッドファーザー』(1972) | サヴォカ(Savoca)、モッタ・カマストラ(Motta Camastra)、フォルツァ・ダグロ(Forza d'Agrò)、ほか |
| 『ゴッドファーザー PART II』(1974) | フォルツァ・ダグロ(Forza d'Agrò)、フィウメフレッド(Fiumefreddo)、ほか |
| 『ニュー・シネマ・パラダイス』(1988) | パラッツォ・アドリアーノ(Palazzo Adriano)、チェファルー(Cefalù) |
| 『グラン・ブルー』(1988) | タオルミーナ(Taormina) |
| 『ゴッドファーザー PART III』(1990) | パレルモ(Palermo)、タオルミーナ(Taormina) |
| 『イル・ポスティーノ』(1994) | サリーナ島(Isola di Salina) |
| 『マレーナ』(2000) | シラクーサ(Siracusa)、ノート(Note)、シクリ(Scicli) |
| 『シチリア!シチリア!』(2009) | バゲリア(Bagheria) |

## 知っておくと便利なイタリア語

シチリア島の観光スポットでは英語もかなり通じますが、イタリア語で
ひと言あいさつするだけで一気に親しみが湧いて、旅がさらに楽しくなるはず！

### 【基本のあいさつ】

チャオ
**Ciao**（やぁ、よっ、またね）

> 友達同士で使う気軽なあいさつ。出会う時も別れの時も両方使えます。親しい間柄なら「チャオ、チャオ」と複数繰り返す場合も

ブォンジョルノ
**Buongiorno**
（おはようございます、こんにちは）

ブオナセーラ
**Buonasera**
（こんばんは）

> シチリアでは、昼休憩前まででBuongiorno、15時以降はBuonaseraを使います

ブオナノッテ
**Buonanotte**（おやすみなさい）

アリヴェデルチ
**Arrivederci**（さようなら）

ピアチェーレ
**Piacere**（はじめまして）

ブオーナジョルナータ／ブオーナセラータ
**Buonagiornata / Buonaserata!**
（よい1日を／楽しい夜を）

### 【ひと言会話】

スィ／ノ
**Sì / No**（はい／いいえ）

スクージィ／ミ・スクージィ
**Scusi / Mi scusi**（すみません／ごめんなさい）

ペル・ファヴォーレ
**Per favore**（お願いします）

グラッツェ
**Grazie**
（ありがとうございます）

プレーゴ
**Prego**（どうぞ、どういたしまして）

> 「ありがとう」と言われた後に使うと「どういたしまして」という意味になり、なにかを勧めたり、席を譲ったりする時の「どうぞ」という意味でも使えます

オ カピート／ノノ カピート
**Ho capito / Non ho capito**
（わかりました／わかりません）

ミ キアモ ～
**Mi chiamo** ～（私の名前は～です）

ソノ ジャッポネーゼ
**Sono giapponese.**（私は日本人です）

### 【買い物で】

クアント コスタ？
**Quanto costa?**（いくらですか？）

アヴェーテ～？
**Avete～?**（～はありますか？）

ポッソ プロヴァーレ？
**Posso provare?**（試着しても良いですか？）

アヴェーテ ウナ タッリア ピゥ ピッコラ／グランデ？
**Avete una taglia più piccola/grande?**
（これより小さい／大きいサイズはありますか？）

アヴェーテ ウナルトロ コローレ？
**Avete un altro colore?**
（ほかの色はありますか？）

ド ソーロ ウノッキアータ
**Do solo un'occhiata.**（見てるだけです）

プレンド クエスト
**Prendo questo.**（これを買います）

ウン ポ ディ スコント ペル ファヴォーレ
**Un po' di sconto, per favore?**
（少しおまけしてもらえませんか？）

ポッソ パガーレ コン ラ カルタ？
**Posso pagare con la carta?**
（クレジットカードで支払えますか？）

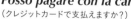

## 【カフェやレストランで】

アヴェーテ ウン ターヴォロ ペル ドゥーエ ペルソーネ?
*Avete un tavolo per due persone?*
(2名ですが、テーブルは空いていますか?)

イル メヌー イングレーゼ / ジャポネーゼ ペルファヴォーレ
*Il menu inglese/giapponese, per favore.*
(英語/日本語のメニューをお願いします)

ポッソ オルディナーレ?
*Posso ordinare?* (注文してもいいですか?)

コザ ミ コンシッリア?
*Cosa mi consiglia?* (おすすめメニューはなんですか?)

プオ ポルタルミ ラ カルタ ディ ヴィーニ?
*Può portarmi la carta dei vini?*
(ワインリストを見せてもらえますか?)

サルーテ!
*Salute!* (乾杯!)

ポッシアーモ デヴィーデレ クエスト ピアット?
*Possiamo dividere questo piatto?*
(この料理をシェアしたいのですが)

ポッシアーモ アヴェーレ デイ ピアッティーニ?
*Possiamo avere dei piattini?*
(取り皿をもらえますか?)

イル コント ペル ファヴォーレ
*Il conto, per favore.*
(お会計をお願いします)

## 【移動時に】

ヴォッレイ アンダーレ ア クエスト インディリッツォ
*Vorrei andare a questo indirizzo.*
((住所を見せながら)ここの住所まで行きたいのですが)

ウン ビッリエット /
ドゥーエ ビッリエッティ ペル ファヴォーレ
*Un biglietto/*
*Due biglietti per favore.*
(チケット1枚/2枚ください)

ヴォッレイ シェンデレ ア〜
*Vorrei scendere a~*
(〜で降りたいのですが)

ドヴェ〜?
*Dov'è~?*
(〜はどこですか?)

## 【ハプニング＆緊急時に】

ミ ソノ ペルソ / ペルサ
*Mi sono perso/persa!*
(道に迷ってしまいました!)

※男性の場合はpersoで
女性の場合はpersaとなります。

アユート!
*Aiuto!* (助けて!)

ラードロ!
*Ladro!* (泥棒!)

キアーミ ラ ポリツィア!
*Chiami la polizia!*
(警察を呼んでください!)

ノン ミ セント ベーネ
*Non mi sento bene.*
(気分が悪いです)

プオ キアマルミ ウナンブランツァ?
*Può chiamarmi un'ambulanza?*
(救急車を呼んでもらえますか?)

## 【数字】

| | |
|---|---|
| $0$ ゼロ *Zero* | $5$ チンクエ *Cinque* |
| $1$ ウノ *Uno* | $6$ セイ *Sei* |
| $2$ ドゥエ *Due* | $7$ セッテ *Sette* |
| $3$ トレ *Tre* | $8$ オット *Otto* |
| $4$ クアットロ *Quattro* | $9$ ノーヴェ *Nove* |
| | $10$ ディエチ *Dieci* |

## 【〜に入れる単語例】

ラ スタツィオーネ
*la stazione* (鉄道駅)

ラ フェルマータ ディ アウトブス
*la fermata degli autobus* (バス停留所)

ラ フェルマータ ディ タクスィ
*la fermata dei taxi* (タクシー乗り場)

イル バーニョ
*il bagno* (トイレ)

# Index

## おわりに

　仕事のためにシチリア島に移住することになってから、13年が経ちました。大好きなシチリア島に住めるよろこびと、これからの不安と半々の気持ちでこの地に降り立ったのがまるで昨日のようです。

　はじめて本の執筆依頼を受けた時もあの時と同じでした。シチリア島のことをもっと日本のみなさんに知ってもらえるきっかけになればうれしいという気持ちと、はたして自分に務まるのかという不安がありました。

　2017年無事出版に至り、そしてこのたび、本当にありがたいことに最新版が出版の運びとなりました。このような私にはもったいないくらいの機会を与えていただいたことに対する感謝の気持ちは日々変わっておりません。シチリアにいらっしゃるお客さまのなかにも、この本を参考にしました、とおっしゃっていただく機会が増えたこと、日々の仕事の励みにもなっています。

　ダニエーレは私の夫で、私と同じくらい食いしん坊で食べるのが大好

き。この本に登場するレストランのなかには、グルメな彼のおかげで発見し、通いはじめたところもあります。

　フェデリーカとニーノのふたりは、シチリア島での私の大事な友人であり、同僚です。彼らの協力なしではこの本を完成することはできなかったと思います。根っからのシチリア人であるふたりによって発見できた場所や知り合った人もたくさんいます。

　数年前から会社で働いてくれているアルベルトには、今回の改訂に際し、お店への連絡など根気強くお手伝いしてくれたことに、大感謝です。

　そして、誰よりも私の仕事での成功を祈ってくれている両親をはじめ家族にもお礼を言いたいです。最後に、この本を手にとっていただきありがとうございます。少しでもシチリアって素敵なところだな、行ってみたいな、と思っていただけることを願っております。

2023年10月　小湊照子

# SiciliaWayについて

　SiciliaWayでは、イタリア・シチリア島での個人観光やビジネスなどを全面的にコーディネートしています。シチリア内各地のオプショナルツアーなども多数ご提案します。日本語ガイドさんと周遊するパレルモ、タオルミーナ、アグリジェントなどの有名観光地ツアー、専用車によるトランスファーや送迎の手配なども行っています。

　オプションは、料理教室やワイナリー訪問、ホームステイなどお客様の希望に合わせて自由にアレンジ可能です。

　また、メディア取材、テレビ・CM撮影などロケコーディネートも行っています。とくにイタリア国内で広告、CM、プロモーションビデオの企画・制作（編集も担当）・撮影のコーディネートならお任せください。また、イギリス、フランス、ベルギーなどヨーロッパ内での撮影などもお気軽にお問い合わせください。

## SiciliaWay

**www.siciliaway.com**
*info@siciliaway.com*

◎シチリアでのウェディングやフォトツアー
**www.siciliawedding.com**
*info@siciliawedding.com*

◎イタリア各地での撮影コーディネート、動画制作
**www.productionsway.com**
*info@productionsway.com*

小湊照子
*Teruko Kominato*

2005年よりイタリア在住。イタリア中
部にあるシエナの大学にてイタリア語
教育学を専攻。卒業後2009年にシ
チリアへ移住、同年よりSciliaWay
の日本部門責任者。テレビや雑誌の
現地コーディネーター兼通訳を務める。
観光、留学関係、海外ウェディングの
手配なども行っている。

文・写真／小湊照子
デザイン／長尾純子
マップ／ZOUKOUBOU
編集／高橋 環（最新版）
　　　坂田藍子（初版）
制作進行／西村 薫

太陽と海とグルメの島

# シチリアへ 最新版

2023年11月25日 初版発行

著者　　小湊照子　Copyright © 2023 Teruko Kominato All rights reserved.

発行者　山手章弘
発行所　イカロス出版株式会社
　　　　〒101-0051 東京都千代田区神田神保町1-105
電話　　03-6837-4661（出版営業部）
メール　tabinohint@ikaros.co.jp（編集部）

印刷・製本所　図書印刷株式会社

旅のヒントBOOK
SNSをチェック！

※海外への旅行・生活は自己責任で行うべきものであり、本書に掲載された情報を利用した結果、
　なんらかのトラブルが生じたとしても、著者および出版社は一切の責任を負いません。